Bibliothek der Mediengestaltung

Konzeption, Gestaltung, Technik und Produktion von Digital- und Printmedien sind die zentralen Themen der Bibliothek der Mediengestaltung, einer Weiterentwicklung des Standardwerks Kompendium der Mediengestaltung, das in seiner 6. Auflage auf mehr als 2.700 Seiten angewachsen ist. Um den Stoff, der die Rahmenpläne und Studienordnungen sowie die Prüfungsanforderungen der Ausbildungs- und Studiengänge berücksichtigt, in handlichem Format vorzulegen, haben die Autoren die Themen der Mediengestaltung in Anlehnung an das Kompendium der Mediengestaltung neu aufgeteilt und thematisch gezielt aufbereitet. Die kompakten Bände der Reihe ermöglichen damit den schnellen Zugriff auf die Teilgebiete der Mediengestaltung.

Thomas Stauss

Projekte zur Produktgestaltung

Briefing – Planung – Produktion

Unter Mitarbeit von Peter Bühler, Patrick Schlaich, Dominik Sinner

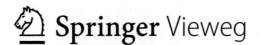

Thomas Stauss
Schwäbisch Gmünd, Deutschland

ISSN 2520-1050   ISSN 2520-1069   (electronic)
Bibliothek der Mediengestaltung
ISBN 978-3-658-37393-1   ISBN 978-3-658-37394-8   (eBook)
https://doi.org/10.1007/978-3-658-37394-8

Die Deutsche Nationalbibliothek verzeichnet diese Publikation in der Deutschen Nationalbibliografie; detaillierte bibliografische Daten sind im Internet über ▶ http://dnb.d-nb.de abrufbar.

Planung: David Imgrund
Springer Vieweg ist ein Imprint der eingetragenen Gesellschaft Springer Fachmedien Wiesbaden GmbH und ist ein Teil von Springer Nature.
Die Anschrift der Gesellschaft ist: Abraham-Lincoln-Str. 46, 65189 Wiesbaden, Germany

Vorwort

Die neue Buchreihe „Bibliothek der Mediengestaltung" mit ihren 26 Bänden ist mittlerweile vollständig erschienen und eingeführt. Die vielen positiven Rückmeldungen von Ihnen, liebe Leserinnen und Leser, haben uns in unserer damaligen Entscheidung bestätigt, das „Kompendium" aufzulösen und dessen Inhalte in Einzelbände aufzuteilen – eine Übersicht finden Sie am Ende des Buches.

Immer wieder wurden wir aber auch darauf angesprochen, ob wir die eher theorielastigen Bücher nicht durch „Praxisbände" ergänzen könnten. Diesem nachvollziehbaren Wunsch tragen wir mit den nun vorliegenden Projektebänden Rechnung.

Die Planung, Durchführung und Reflexion von Projekten stellt eine Kernkompetenz der Gestaltung dar. In Projekten lassen sich nicht nur die theoretischen Kenntnisse an Praxisbeispielen anwenden – die Lernenden erweitern hierdurch auch ihre Methoden-, Sozial- und Personalkompetenz.

Bei der Konzeption der Projektebände haben wir das Ziel verfolgt, jedes Projekt nach dem Prinzip der vollständigen Handlung umfassend zu bearbeiten. Dies spiegelt sich im identischen Aufbau der Kapitel wider.

Jedes Kapitel beginnt mit einem *Briefing*, in dem der Projektauftrag vorgestellt und die hierfür erforderlichen Fachkenntnisse beschrieben werden. Im Briefing erhalten Sie auch Hinweise auf die erforderliche Software sowie einen Link zu den benötigten Projektdateien. Im Abschnitt *Planung* wird der zur Umsetzung des Projekts notwendige Workflow stichwortartig beschrieben. Wer über die erforderlichen Kenntnisse verfügt, kann ab dieser Stelle mit der eigenständigen Umsetzung des Projekts fortfahren. Alternativ führen wir Sie im Abschnitt *Durchführung* in ausführlichen Schritt-für-Schritt-Anleitungen durch das Projekt. Zahlreiche Screenshots helfen auch

Anfängern, sich im Projektverlauf und in der eingesetzten Software zurechtzufinden. Die Bücher können somit wahlweise im Unterricht oder im Selbststudium, beispielsweise zur Prüfungsvorbereitung, eingesetzt werden.

Nicht jedes Projekt in diesem Band bildet alle Phasen von der Konzeption bis zum fertigen Modell oder gar fertigen Produkt ab. In den einzelnen Kapiteln werden wechselnde Schwerpunkte gesetzt.

Bei der Auswahl der Projekte haben wir uns an den Rahmenplänen, Studienordnungen und Prüfungsanforderungen der Ausbildungs- und Studiengänge der Mediengestaltung orientiert. Eine Übersicht über die Projektebände der Bibliothek der Mediengestaltung finden Sie auf der rechten Seite. Die zur Umsetzung der Projekte benötigten Dateien können Sie von der zur Buchreihe gehörenden Website bi-me.de herunterladen.

Die Bibliothek der Mediengestaltung richtet sich an alle, die eine Ausbildung oder ein Studium im Gestaltungsbereich absolvieren oder die bereits in dieser Branche tätig sind und sich fortbilden möchten. Weiterhin richtet sich die Bibliothek der Mediengestaltung auch an alle, die sich in ihrer Freizeit mit der professionellen Gestaltung und Produktion beschäftigen.

Ein herzliches Dankeschön geht an unsere langjährige Lektorin Ursula Zimpfer sowie an David Imgrund und das Team des Verlags Springer Vieweg für die Unterstützung und Begleitung dieser Buchreihe. Ein großes Dankeschön gebührt aber auch Ihnen, unseren Leserinnen und Lesern, die uns in den vergangenen Jahren immer wieder auf Fehler hingewiesen und Tipps zur weiteren Verbesserung unserer Bücher gegeben haben.

Wir wünschen Ihnen, liebe Leserinnen und Leser, ein gutes Gelingen Ihrer Ausbildung, Ihrer Weiterbildung oder Ihres Studiums der Gestaltung und viel Spaß bei der Umsetzung vieler spannender Projekte.

Heidelberg, im Frühjahr 2022

Thomas Stauss

und die Autoren der anderen Bände
Peter Bühler
Patrick Schlaich
Dominik Sinner

Inhaltsverzeichnis

Funktionsanalyse

Briefing

Szenario – Spender für Pfefferminzbonbons

In der Konzeptionsphase werden unter anderem bereits am Markt erhältliche und einem Projekt entsprechende Produkte recherchiert und analysiert.

In diesem Projekt analysieren Sie als Teilaspekt der Konzeptionsphase die Funktionsprinzipien von Spendern für Pfefferminzbonbons oder Süßstoff.

SOFTWARE

Bildbearbeitung
Vektorgrafikprogramm
Layout- oder Textverarbeitungsprogramm

DATEN

www.bi-me.de/download

VORWISSEN

S. 19: Handhabung –
      Bedienung –
      Ergonomie
S. 20: Produktsprache
S. 26: Produktanalyse

Produktdesign

 INFOBOX – Produkt- und Funktionsanalysen

Produktanalysen

Produktanalysen und das daraus resultierende Verständnis für Produkte ermöglichen es, Schwachstellen bereits vor oder während des Entwurfsprozesses aufzudecken. Neben den syntaktischen, semantischen und pragmatischen Analysen, die unter anderem
- Werkstoffe,
- Nutzung mit Handhabung, Bedienung und Ergonomie,
- Produktsprache mit Benutzerführung, Selbsterklärung und Nutzererlebnis (UX)
- bis hin zur Nachhaltigkeit in Bezug auf Rohstoffgewinnung, Verarbeitung, Vertrieb, Nutzung, Reparaturfähigkeit, Recycling und Entsorgung

umfassen, spielt bei vielen Produkten die Funktionsanalyse eine wichtige Rolle.

Funktionsanalysen

Die Funktionsanalyse steht nicht direkt in der Abfolge der vorher genannten Produktanalysen. Sie kann unabhängig oder in Kombination mit diesen erfolgen.

Bei der Funktionsanalyse werden die Funktionsprinzipien eines Produktes untersucht. Dazu wird der funktionale Aufbau beschrieben und die Funktionsweise der Bedienungs- oder Bewegungsabläufe dargestellt.

Planung

Vorbereitung

- Spender für Pfefferminzbonbons oder Süßstoff mit unterschiedlichen Funktionsweisen bzgl. der Ausgabe des Pfefferminzbonbons oder der Süßstofftablette kaufen.

Durchführung

- Spender nutzen und dies fotografisch dokumentieren
- Spender öffnen bzw. zerlegen
- Innenleben der Spender fotografisch oder zeichnerisch dokumentieren
- Funktionsweise analysieren und erläutern

 HINWEIS

Funktionsanalysen dienen häufig als Grundlage für Entwurfsprozesse und sind daher Teil der Konzeptionsphase.
Die folgenden Funktionsanalysen bilden die Grundlage für die Konzeption und Gestaltung von „Spendern für Pfefferminzbonbons" im nachfolgenden Kapitel „Entwurf – Designgeschichte".

Spender für Pfefferminzbonbons – The Jelly Bean Factory – POP A BEAN, PEZ-Spender, SMINT

Durchführung

Spender kaufen

Kaufen Sie sich unterschiedliche Spender für Pfefferminzbonbons oder Süßstoff.

Achten Sie darauf, dass die Spender unterschiedlich zu bedienen sind (drehen, horizontal oder vertikal drücken) und dass diese unterschiedliche Funktionsprinzipien zur Ausgabe des Pfefferminzbonbons oder der Süßstofftablette aufweisen.

Funktionsanalyse durchführen

1 Benutzen Sie die Spender.

2 Dokumentieren Sie die Handhabung der Spender fotografisch.

3 Für die weitere Funktionsanalyse zerlegen Sie die Spender.
Teilweise ist dies möglich, ohne die Spender zu zerstören, indem Sie zum Beispiel eine Rast- oder Haltenase zurückdrücken, teilweise müssen Sie die Spender aufschneiden oder mit einer Laubsäge aufsägen.

4 Dokumentieren Sie den inneren Aufbau des Spenders fotografisch oder skizzieren Sie den Aufbau.

5 Analysieren Sie den Aufbau und die Funktionsweise.

6 Kennzeichnen Sie auf Ihren Fotos oder Skizzen die Funktionselemente.

7 Versehen Sie Ihre Fotos oder Skizzen mit erläuternden Hinweisen zur Funktionsweise. Ziel ist es, das Funktionsprinzip zu verstehen, um dieses auf andere ähnliche Problemstellungen oder eigene Entwürfe zu übertragen.

Spender POP A BEAN: Verschlusslasche öffnen

SMINT-Spender: drücken und auffangen

Spender POP A BEAN: Innenbehälter mit Deckel hochheben und dann wieder absenken

Spender POP A BEAN: Jelly Bean entnehmen

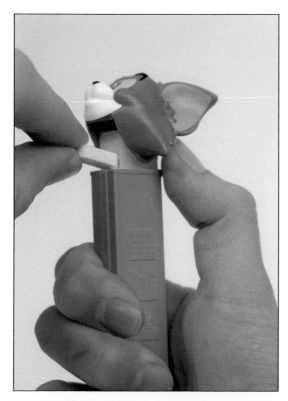

PEZ-Spender: Kopf kippen und Bonbon entnehmen

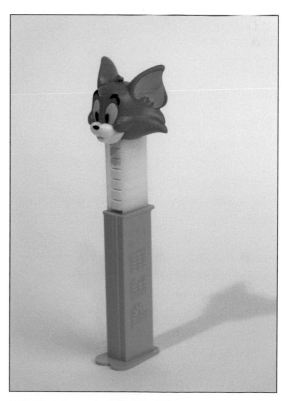

PEZ-Spender: zum Füllen geöffnet

Funktionsanalyse – SMINT-Spender

Der SMINT-Spender besteht aus zwei Elementen, die durch Drücken ineinander verschoben werden. Der Auswurf fährt aus und gibt genau ein Bonbon bzw. eine Pastille frei. Das Bonbon bzw. die Pastille wird mit der anderen Hand aufgefangen.

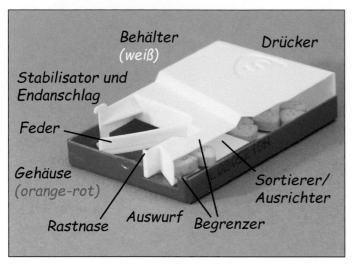

Lösung: Aufbau und Kennzeichnung der Funktionselemente

Drücken und auffangen – zwei Hände nötig

Aufbau des Spenders

Weißer seitlich geöffneter Behälter:

- Oben hat dieser auch die Funktion des Drückers.
- Unten ist eine Feder zur Rückstellung des Behälters im Gehäuse angespritzt.
- Unten am Auswurf verhindert eine Rastnase das Auseinanderfallen der beiden Elemente.
- Nach unten verjüngt sich der Behälter, um die Pastillen zu sortieren bzw. auszurichten. Dieser Bereich geht in den weißen Begrenzer und den Auswurf über.
- Gegenüber dem Sortier-/Ausricht-Element des Behälters befindet sich ein Stabilisator, der den weißen Behälter im orange-roten Gehäuse führt. Gleichzeitig dient er als Endanschlag, damit die beiden Elemente nicht weiter zusammengedrückt werden können.

Orange-rotes Gehäuse:

- Alle vier Seiten sind geschlossen, die breiten Seiten sind oben ausgeklinkt, um das Nachuntendrücken des Behälters zu ermöglichen.
- Unten ist das Gehäuse bis auf den Bereich des Auswurfs geschlossen.
- Das Sortier-/Ausricht-Element des Gehäuses ist in dieser Abbildung nicht zu erkennen.
- Der schmale kurze Steg im Bereich des Auswurfs bildet einen Begrenzer, der im gedrückten Auswurfzustand im Zusammenspiel mit dem Begrenzer des Behälters ein Nachrutschen weiterer Pastillen verhindert.

Funktionsweise des Spenders

**SMINT-Spender im Vollschnitt –
während des Drückens**

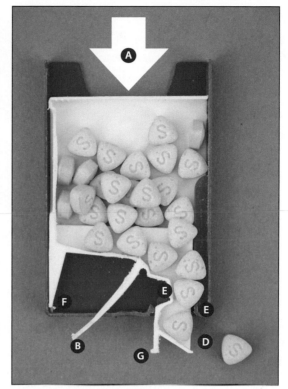

**SMINT-Spender im Vollschnitt –
bis zum Anschlag gedrückt**

Durch die aufgesägten Elemente ist in dieser Aufnahme die Feder nicht im Gehäuse gespannt.

1 Der mit den Pastillen gefüllte weiße Behälter ist im orange-roten Gehäuse eingerastet.

2 Durch Drücken **A** auf den weißen Behälter verschiebt sich dieser im orange-roten Gehäuse. Die Feder **B** spannt sich. Der weiße Auswurf **C** fährt aus der Auswurföffnung im Gehäuse.

3 Der Auswurf ist komplett aus dem Gehäuse herausgedrückt **D**. Eine Pastille ist freigegeben. Die beiden Begrenzer **E** verhindern das Nachrutschen weiterer Pastillen. Der Endanschlag **F** verhindert ein weiteres Zusammendrücken.

4 Nach dem Loslassen drückt die Feder **B** den Behälter wieder zurück. Die Rastnase **G** verhindert das Auseinanderfallen der beiden Elemente.

5 Der Vorgang kann von Neuem beginnen.

Funktionsanalyse – Spender
The Jelly Bean Factory – POP A BEAN

Der Spender The Jelly Bean Factory – POP A BEAN
besteht aus vier Elementen, die paarweise ineinander
eingerastet sind und ineinander verschoben werden
können:
- Außenbehälter und Stopper
- Innenbehälter und Deckel

Aufbau des Spenders

In den Außenbehälter mit der zentrischen Mittelsäule
wird der Innenbehälter eingesteckt. Dies ist durch das
Loch im Boden des Innenbehälters möglich.

Oben an der Mittelsäule wird nun der Stopper auf-
gedrückt, bis er einrastet. Der Durchmesser des Stoppers
ist größer als die Bohrung im Boden des Innenbehälters.
Somit kann der Innenbehälter nur soweit angehoben
werden, bis er am Stopper anschlägt.

Nun wird der Deckel über den Innenbehälter gestülpt.
Der Deckel hat mittig eine runde Öffnung im Durchmesser der Mittelsäule. Diese Öffnung kann durch eine
angespritzte Verschlusslasche verschlossen werden.

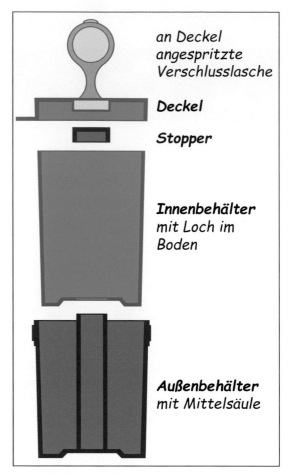

an Deckel
angespritzte
Verschlusslasche

Deckel

Stopper

Innenbehälter
mit Loch im
Boden

Außenbehälter
mit Mittelsäule

**Lösung: Aufbau und Kennzeichnung der
Funktionselemente**

The Jelly Bean Factory – POP A BEAN: Einzelteile

Innenbehälter, Deckel mit angespritzter Verschlusslasche, Außenbehälter mit aufgestecktem Stopper

Funktionsweise (Nach-)Füllen des Spenders – Darstellung im Querschnitt durch Spender

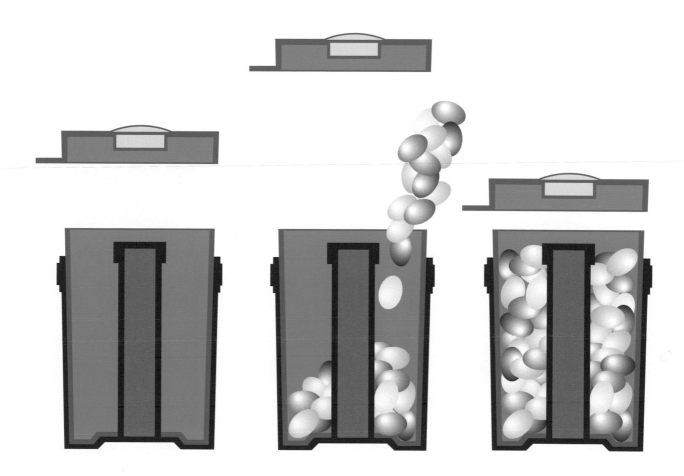

Zum Befüllen geöffnet

Der leere Spender kann wiederbefüllt werden. Dazu wird der Deckel des Innenbehälters geöffnet.

Einfüllen von Jelly Beans

Jelly Beans werden in den Innenbehälter eingefüllt.

Verschließen des Spenders

Der Innenbehälter wird mit dem Deckel wieder verschlossen.

Spender geschlossen

Innenbehälter ist zur Hälfte mit Jelly Beans gefüllt.
Außenbehälter und Stopper sind bei eingelegtem Innenbehälter eingerastet.
Deckel ist auf Innenbehälter aufgestülpt. Verschlusslasche ist verschlossen.

Verschlusslasche geöffnet

Verschlusslasche ist geöffnet.

Während des Anhebens

Innenbehälter samt verbundenem Deckel wird angehoben.

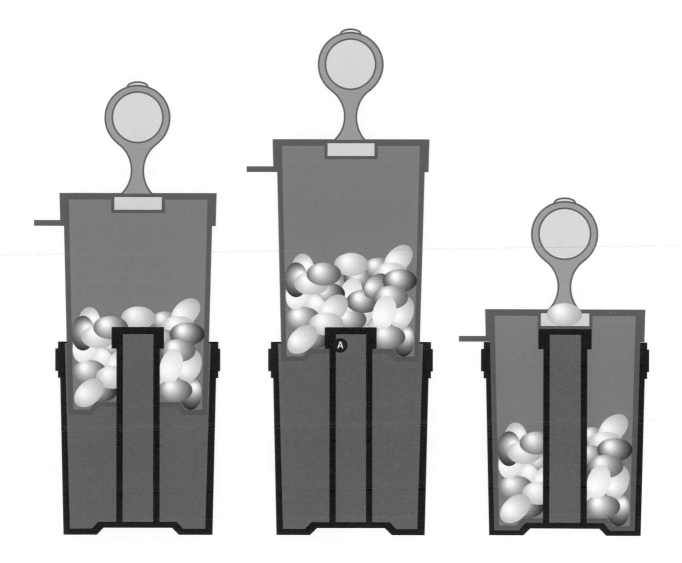

Anheben

Die mit dem Innenbehälter angehobenen Jelly Beans fallen auf die Oberseite des Stoppers.

Bis zum Stopper angehoben

Die Bodenoberseite des Innenbehälters schlägt an der Unterseite des Stoppers an **A**. Der Innenbehälter kann nicht weiter angehoben werden.

Entnahme der Jelly Bean

Nach dem Absenken des Innenbehälters samt Deckel liegt ein Jelly Bean auf der Oberseite des Stoppers. Dieses kann nun durch die Öffnung im Deckel entnommen werden.

Funktionsanalyse – PEZ-Spender

Der patentierte PEZ-Spender besteht aus fünf Elementen:

- Kopf mit Auswerfer **A**
- Innenrahmen **B** mit Blattfeder
- Schieber **C** im Innenrahmen
- Feder **D**
- Außenhülle **E**

Aufbau des Spenders

Der nach hinten und vorne offene Innenrahmen **B** bildet oben eine integrierte Blattfeder und die Lagerzapfen für den Kopf. Der aufgeklickte Kopf **A** kann nach hinten abgekippt werden.

Im Innenrahmen **B** kann der Schieber **C** vertikal verschoben werden. Oberhalb des Schiebers **C** werden die Pfefferminzbonbons eingelegt. Die Feder **D** drückt den Schieber **C** und damit auch die Pfefferminzbonbons nach oben.

Die ganze Baugruppe wird in die Außenhülle **E** eingesteckt. Die Nasen des Schiebers **C** rasten in der Außenhülle **E** ein.

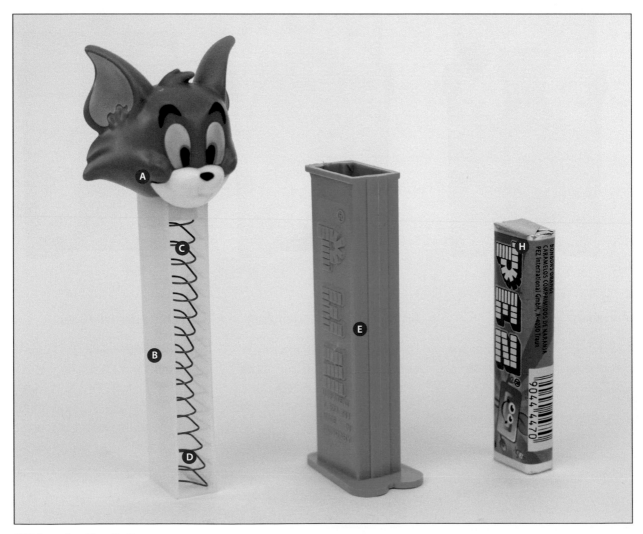

PEZ-Spender: Einzelteile

Innenrahmen mit Kopf, Außenhülle, Pfefferminzbonbons

Funktionsweise – Entnahme eines Pfefferminzbonbons

1   Der Kopf **A** wird nach hinten gekippt. Dabei wird die Blattfeder **G** gespannt und der Auswerfer **F** schiebt das obenliegende Pfefferminzbonbon nach vorne.

2   Das Pfefferminzbonbon kann nun vollständig herausgezogen und entnommen werden.

3   Durch die gespannte Blattfeder **G** wird nach dem Loslassen des Kopfes **A** dieser mitsamt dem Auswerfer **F** in seine Ausgangsposition zurückgedrückt. Die Feder **D** drückt den Schieber **C** und damit das nächste Pfefferminzbonbon nach oben vor den Auswerfer **F**.

4   Der Vorgang kann von Neuem beginnen.

Funktionsweise – Nachfüllen der Pfefferminzbonbons

1   Der Kopf **A** wird mitsamt dem verbundenen Innenrahmen **B** nach oben aus der Außenhülle **E** herausgezogen.

2   Die neuen Pfefferminzbonbons **H** werden eingelegt.

3   Der Spender wird wieder zusammengeschoben.

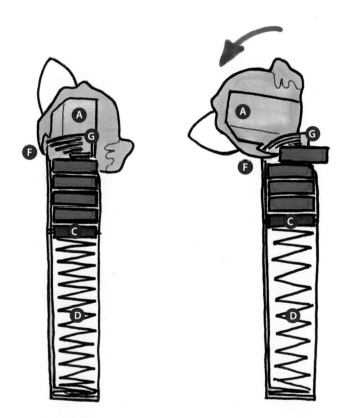

Lösung: Aufbau und Kennzeichnung der Funktionselemente
Ansicht im Querschnitt ohne Außenhülle

Entwurf – Designgeschichte

Briefing

Szenario – Spender für Pfefferminzbonbons

Ein Designmuseum möchte im Museumsshop Produkte verkaufen, die auf das Designmuseum hinweisen und als Werbemittel verwendet werden können. Diese Produkte sollen sowohl für Sonderausstellungen von einzelnen Designerinnen oder Designern als auch für unterschiedliche Designepochen oder Designstile stehen.

Die Wahl fällt auf Spender für Pfefferminzbonbons, die im Stil unterschiedlicher Designepochen, Designerinnen oder Designer gestaltet sind.

Die Leitung des Designmuseums legt einen hohen Wert auf
- funktionelle und originelle Gestaltung,
- die eindeutige Zuordnung zu Designepochen oder zum Stil einzelner Designerinnen und Designer.

In diesem Projekt entwerfen Sie einen Spender für Pfefferminzbonbons, welcher die einfache Entnahme einzelner Pfefferminzbonbons ermöglicht und die oben genannten Anforderungen erfüllt.

SOFTWARE

- Mindapp oder anderes Programm zur Erstellung von Mindmaps

DATEN

www.bi-me.de/download

VORWISSEN

S. 10:	Gestaltungsprozess
S. 19:	Handhabung – Bedienung – Ergonomie
S. 20:	Produktsprache
S. 74:	3D-Druck

Produktdesign

S. 33 ff.:	In den Kapiteln 4 bis 6 finden Sie Infoboxen zu den stilistischen Merkmalen und vertiefende Texte zu Designepochen und Designstilen.

Designgeschichte

HINWEIS

Wertvolle Hinweise zur Auseinandersetzung mit den Funktionsprinzipien der Spender für Pfefferminzbonbons finden Sie im vorangehenden Kapitel „Funktionsanalyse".

Technische Vorgaben

Muss-Anforderungen

Der Spender für Pfefferminzbonbons muss folgende Punkte erfüllen:
- den Stil von Designepochen, Designerinnen oder Designern wiedergeben
- Pfefferminzbonbons sicher und hygienisch aufbewahren
- eine bestimmte Menge Pfefferminzbonbons ausgeben
- aus lebensmittelechten Werkstoffen bestehen

Kann-Anforderungen

Der Spender kann folgende Punkte erfüllen:
- genau ein Pfefferminzbonbon ausgeben, nicht mehrere
- einhändig bedient werden

Modelle und technische Zeichnung

Das Projektergebnis umfasst:
- Skizzen und schattierte bzw. colorierte Zeichnungen sowie begleitende Texte (Begründungen)
- Vormodelle aus zum Beispiel Papier, Karton, Holz, Kunststoff

Optional können erstellt werden:
- funktionsfähiges Modell oder Prototyp im Maßstab 1:1
- falls für das Modell andere Werkstoffe verwendet werden, visualisieren Sie Werkstoffe und Oberflächen des späteren Originals (Farbcodierung und Werkstoffproben)
- notwendige Fertigungsunterlagen – technische Zeichnungen

Planung

Vorarbeit und Recherche

- sich für eine Designerin, einen Designer, einen Designstil oder eine Designepoche entscheiden
- designgeschichtliche und stilistische Merkmale recherchieren
- Anforderungen für Spender definieren

Entwurf

- erste Ideen entwickeln
- Ideen auswählen
- Entwurf ausarbeiten
- gegebenenfalls Vormodelle bauen
- Varianten bilden und Entwurf optimieren

CAD-Konstruktion und Modellbau

CAD-Konstruktion (optional)

- Modell konstruieren
- technische Zeichnung ableiten
- Daten exportieren für zum Beispiel Laserschneider oder 3D-Drucker

Modellbau (optional)

- (Vor-)Modelle konventionell bauen
- flächige Bauteile im Laserschneideverfahren gravieren und ausschneiden
- 3D-Druck herstellen
oder
- Modell in Kombination der oben genannten Verfahren bauen

Durchführung

Vorarbeit und Recherche

Designgeschichtliche Recherche

1 Entscheiden Sie sich für einen Stil einzelner Designerinnen oder Designer, für einen Designstil oder für eine Designepoche.

2 Recherchieren Sie die stilistischen Merkmale sowie typische Werkstoffe und Fertigungsverfahren am Beispiel Jugendstil.

Exemplarische Lösung: Stilistische Merkmale – Jugendstil
Anregungen durch die Natur
• Pflanzenartiges wie Blumen, Blüten, Stängel und Stiele, organische pflanzliche Wirkung, naturalistisch-stilisierte Formen, dekorative Gesamtwirkung • Tiere: besonders Insekten, Vögel, schillernde, magische Wirkung der Tiere • Menschendarstellung: Mädchenfiguren, Gesichter, oft feenartige, märchenhafte und geheimnisvolle Wirkung
Liniengestaltung
• Von Natur-, Menschen- und Pflanzenmotiven ausgehend wurden lineare Muster entwickelt, die sich dann zum reinen gegenstandslosen Linienornament weiterentwickeln. • Die schön geschwungene elegante Linie wurde wichtig und weiche fließende Übergänge ließen Formen und Motive, oft als Metamorphose, ineinanderfließen und übergehen.
Flächengestaltung
• Abstrakt, geometrisch, eher streng und klar • Besonders bekannt ist dafür der Schotte Charles Rennie Mackintosh. Seine Möbel mit den ungewöhnlich rechteckigen Formen, den Stühlen mit den hohen Lehnen, alles kombiniert mit edlen Werkstoffen begeisterte in Europa. • Secessionsstil in Wien: Koloman Moser und Josef Hoffmann gründeten 1903 die „Wiener Werkstätten" mit dem Ziel der Erneuerung des Kunsthandwerks. Ihre Gestaltung bestand mehr aus reduzierten geometrisch-abstrakten Formen, besonders beliebt war das Quadrat. • Die strenge Formensprache nahm die spätere Formgestaltung der klassischen Moderne vorweg.

Hector Guimard

Tisch, um 1899, Paris

Gestalter unbekannt

Türklinke, Berlin

Victor Horta

Treppenhaus Hôtel Tassel, 1884, Brüssel

René Lalique

Anhänger, um 1901, Paris

Anforderungen definieren

Als Vorstufe zu einem Pflichtenheft erstellen Sie als Liste oder Mindmap einen Anforderungskatalog für Ihre Produktgruppe. Berücksichtigen Sie dabei:
- die Aufgabenstellung
- funktionale Aspekte
- die zu Ihrer designgeschichtlichen Auswahl passenden stilistischen Merkmale
- typische Werkstoffe und Fertigungsverfahren für:
  - den Modellbau
  - das spätere Produkt (lebensmittelecht)

1 Öffnen Sie Ihr Mindmapping-Programm und erzeugen Sie eine neue leere Datei.

2 Geben Sie als Titel der Mindmap `<Spender_Jugendstil>` ein **A**.

3 Legen Sie den ersten Hauptast an und benennen Sie ihn `<MUSS-Kriterien>` **B**.

4 Fügen Sie Unteräste mit den Muss-Kriterien des Szenarios an **C**.

5 Erstellen Sie weitere Haupt- und Unteräste **D**.

6 Speichern Sie Ihre Datei unter dem Dateinamen `<Spender_Jugendstil>` ab.

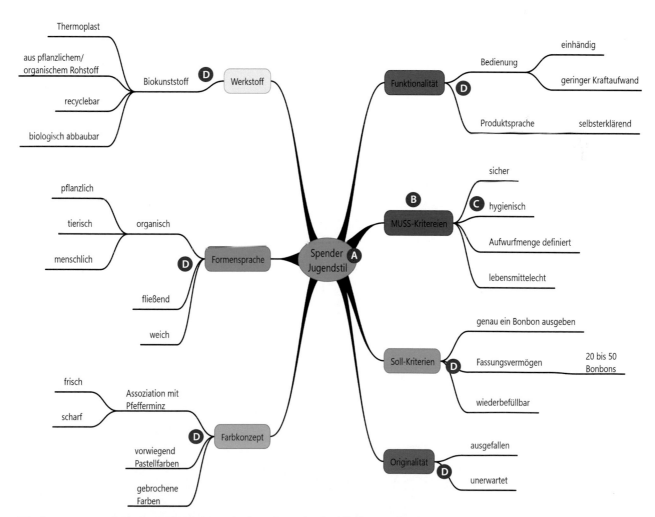

Mindmap – exemplarische Anforderung an einen Spender für Pfefferminzbonbons mit Jugendstilelementen

Entwurf

Erste Ideen entwickeln

1 Skizzieren Sie Ihre ersten Ideen und Gedanken für den Spender für Pfefferminzbonbons.

2 Berücksichtigen Sie dabei sowohl Funktion als auch die designgeschichtlichen Merkmale.

3 Ergänzen Sie Ihre Skizzen mit beschreibenden oder technischen Angaben.

rechts:

**Vier Inspirationen:
Pflanzenfotografien**

Karl Blossfeldt (1865 bis 1932), deutscher Fotograf, durch streng-formale Schwarz-Weiß-Pflanzenfotografien bekannt

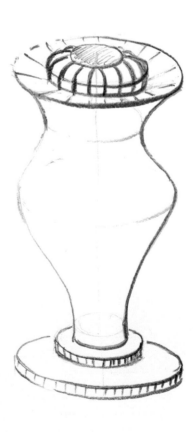

Ideenskizzen für Spender mit POP A BEAN-Technik – im Stile des Jugendstils, angeregt durch Pflanzenfotografien

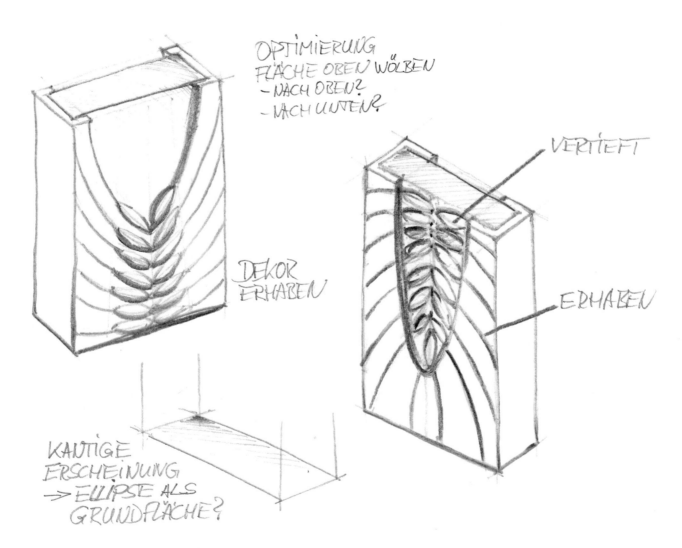

OPTIMIERUNG
FLÄCHE OBEN WÖLBEN
– NACH OBEN?
– NACH UNTEN?

VERTIEFT

DEKOR
ERHABEN

ERHABEN

KANTIGE
ERSCHEINUNG
→ ELLIPSE ALS
GRUNDFLÄCHE?

Ideenskizzen für Spender mit SMINT-Technik – im Stile des Jugendstils, angeregt durch Pflanzenfotografien

Ideen auswählen

Analysieren Sie Ihre Ideen und wählen Sie eine vielversprechende Idee aus.

Entwurf ausarbeiten

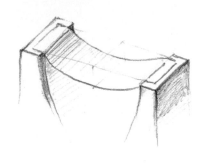 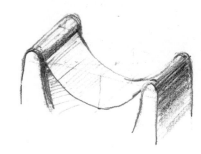

1 Entwickeln Sie die ausgewählte Idee zeichnerisch weiter. Übertragen Sie geeignete (Detail-)Lösungen Ihrer anderen Ideen auf Ihre ausgewählte Idee.

2 Ergänzen Sie Ihre Skizzen mit erklärenden Kommentaren.

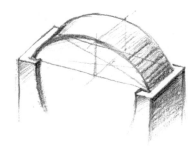 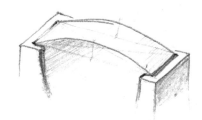

3 Visualisieren Sie Ihre Ideen mit kleinen maßstäblichen Vormodellen aus Papier, Karton, Holz, Kunststoff u. a.

4 Analysieren Sie Ihre Entwürfe anhand Ihres Pflichtenhefts.

 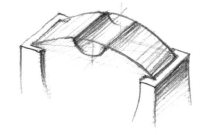

Varianten bilden und Entwurf optimieren

1 Finden Sie Lösungen für Schwächen oder bestehende Probleme Ihres Entwurfs.

2 Erstellen Sie Varianten Ihres Entwurfs bezüglich der Grundform und der Proportionen (Größenverhältnisse, Breite, Tiefe, Stärke).

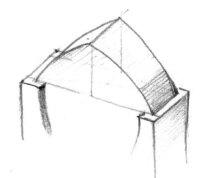 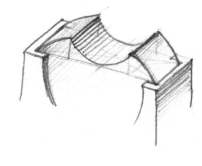

3 Optimieren Sie Ihren Entwurf in Bezug auf Funktion und die designgeschichtlichen Stilmerkmale.

Varianten und Optimierungen für Oberseite

CAD-Konstruktion und Modellbau

Erstellen Sie in konventionellem klassischem Modellbau oder durch CAD-Konstruktion und 3D-Druck ein Endmodell oder einen Prototyp Ihres Entwurfs. Selbstverständlich können Sie die beiden Vorgehensweisen auch kombinieren.

 HINWEIS

Die Idee, Produkte im Stil von Designepochen, einzelner Designerinnen oder Designer zu gestalten, lässt sich auch leicht auf andere Produkte übertragen. So könnten zum Beispiel die „Behältnisse für drei Gegenstände" des nachfolgenden Kapitels „Entwurfsprozess„ unter designgeschichtlichen Aspekten (re-)designt werden.

Projekt Spender für Pfefferminzbonbons

Zwei Lösungen für weitere Designepochen

Postmoderne – Arbeit von Lara Bader

(oben rechts)
Das Spiel der Postmoderne mit Grundformen und Farben wurde in dieser Arbeit umgesetzt. Das Funktionsprinzip entspricht dem Spender „SMINT".
Modell in 3D-Druck (FDM) hergestellt und bemalt.

Bauhaus – Arbeit von Moritz Wiedmann

(unten rechts)
Die wichtigen Gestaltungsprinzipien des Bauhauses sind am Gebäude Bauhaus Dessau gut zu erkennen. Die Elemente der Fassade wurden hier genutzt, um den Spender für Pfefferminzbonbons zu gestalten. In der Serienfertigung werden die Pfefferminzbonbon in den Bauhausfarben eingefärbt.
Das Funktionsprinzip wurde vom Entwerfer selbst entwickelt.
Modell 3D-gedruckt (FDM) und mit Acrylglas ergänzt.

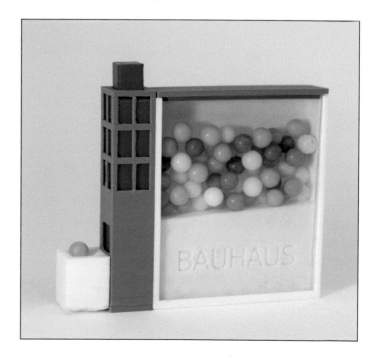

Entwurfsprozess

Briefing

Szenario – Behältnis für drei Gegenstände

Die Geschäftsleitung eines Herstellers für Accessoires möchte die bisherige Produktpalette durch neue innovative Produkte erweitern. In einem Brainstorming entsteht folgende Idee:

Es gibt immer wieder Situationen, in denen zusammengehörige Gegenstände zusammen transportiert und aufbewahrt werden sollen.
Gesucht sind neue innovative Ideen für Produkte, die dies ermöglichen.

Die bisherigen Bereiche der klassischen Accessoires für Büro, Mobilität und Reisen können dazu bearbeitet, aber auch ausgeweitet werden z. B. in die Bereiche Gesundheit und Körperpflege.

Mögliche Kombinationen von Gegenständen sind zum Beispiel:
- Brille, Brillenputztuch und als weiteres Produkt ein Sonnenbrillenaufsatz oder eine Brillenkette
- Zahnbürste, Zahnpasta und als weiteres Produkt Zahnseide, Zahnputzbecher, Deoroller oder Waschlappen
- Papierschere, Cutter und als weiteres Produkt Bleistift, Fineliner oder Lineal

In diesem Projekt entwerfen Sie ein Behältnis, welches die Aufbewahrung und den sicheren Transport einer Ihrer Kombinationen von Gegenständen ermöglicht. Die Geschäftsleitung des Herstellers für Accessoires legt einen hohen Wert auf funktionelle und originelle Gestaltung.

SOFTWARE

- Freemind oder anderes Programm zur Erstellung von Mindmaps

DATEN

www.bi-me.de/download

VORWISSEN

S. 10: Gestaltungsprozess
S. 19: Handhabung – Bedienung – Ergonomie
S. 20: Produktsprache
S. 74: 3D-Druck

Produktdesign

Technische Vorgaben

Muss-Anforderungen

- Drei Produkte müssen aufbewahrt und transportiert werden können.
- Die Funktion und die Nutzung sollen durch eine eindeutige Produktsprache selbsterklärend sein.

Kann-Anforderungen

Das Behältnis kann außer der Aufnahme- und Transportfunktion auch eine Funktion der drei Produkte übernehmen oder ergänzen, zum Beispiel:

- Ein Zahnputzbecher als Aufnahme- und Transportbehältnis für Zahnbürste und Zahnpasta.
- Ein Etui für Cutter, Bleistift, Fineliner, welches an einer Kante eine Skala hat und somit auch als Lineal dienen kann.

Modelle und technische Zeichnung

Das Projektergebnis umfasst:
- Skizzen und schattierte bzw. colorierte Zeichnungen sowie begleitende Texte (Begründungen)
- Vormodelle aus zum Beispiel Papier, Karton, Holz, Kunststoff

Optional können erstellt werden:
- funktionsfähiges Modell oder Prototyp im Maßstab 1:1
- falls für das Modell andere Werkstoffe verwendet werden: Visualisierung der Werkstoffe und der Oberflächen des späteren Produkts (Farbcodierung und Werkstoffproben)
- notwendige Fertigungsunterlagen – technische Zeichnungen

Planung

Vorarbeit

- weitere Ideen für Kombinationen von Gegenständen entwickeln – Brainwriting
- sich für eine Kombination von Gegenständen entscheiden
- Anforderungen definieren

Entwurf

- erste Ideen entwickeln
- Ideen auswählen
- Entwurf ausarbeiten
- wenn notwendig Vormodelle bauen
- Varianten bilden und Entwurf optimieren
- Varianten und Optimierungen bewerten

CAD-Konstruktion und Modellbau

CAD-Konstruktion (optional)

- Modell konstruieren
- technische Zeichnung ableiten
- Daten exportieren für zum Beispiel 3D-Drucker oder Laserschneider

Modellbau (optional)

- (Vor-)Modell konventionell bauen
- flächige Bauteile im Laserschneideverfahren gravieren und ausschneiden
- 3D-Druck herstellen
oder
- Modell in Kombination der oben genannten Verfahren bauen

Durchführung

Vorarbeit

Brainwriting und Entscheidung

1 Überlegen Sie sich weitere Produktgruppen und halten Sie diese schriftlich fest.

2 Entscheiden Sie sich für eine Kombination von Gegenständen.

Exemplarische Lösung Brainwriting:

- Kombination von Gegenständen
- Messer, Gabel, Löffel, Essstäbchen …
- Seife, Shampoo, Waschlappen, Deo, Spiegel …
- Lippenstift, Lidschatten, Spiegel, Kajalstift …
- Haarbürste, Kamm, Haarspange, Haargummi, Spiegel …
- Pflaster, Schmerztabletten, Lupe, Handdesinfektion …
- Personalausweis, Bank- oder Kreditkarte, Schlüssel …
- Schnuller, Lätzchen, Windel, feuchte Tücher, Creme …
- FFP2-Maske, Handdesinfektion, Handcreme, feuchte Tücher …
- Kamera, Ersatzakku, SD-Karten, Stativ …
- Selfiestick, Powerbank, Bargeld, Bank- oder Kreditkarte …
- …

Anforderungen definieren

Definieren Sie als Liste oder Mindmap die Anforderungen an das Behältnis für Ihre Kombination von Gegenständen. Berücksichtigen Sie dabei:
- die Aufgabenstellung
- funktionale Aspekte
- typische Werkstoffe und Fertigungsverfahren

1 Öffnen Sie Ihr Mindmapping-Programm und erzeugen Sie eine neue leere Datei.

2 Geben Sie als Titel der Mindmap `<Anforderungen an Behältnis>` ein **A**.

3 Legen Sie den ersten Hauptast an und benennen Sie ihn `<Zweck>` **B**.

4 Fügen Sie Unteräste mit den von Ihnen gefundenen Aspekten an **C**.

5 Erstellen Sie weitere Haupt- und Unteräste **D**.

6 Speichern Sie Ihre Datei unter dem Dateinamen `<Anforderungen-Behaeltnis>` ab.

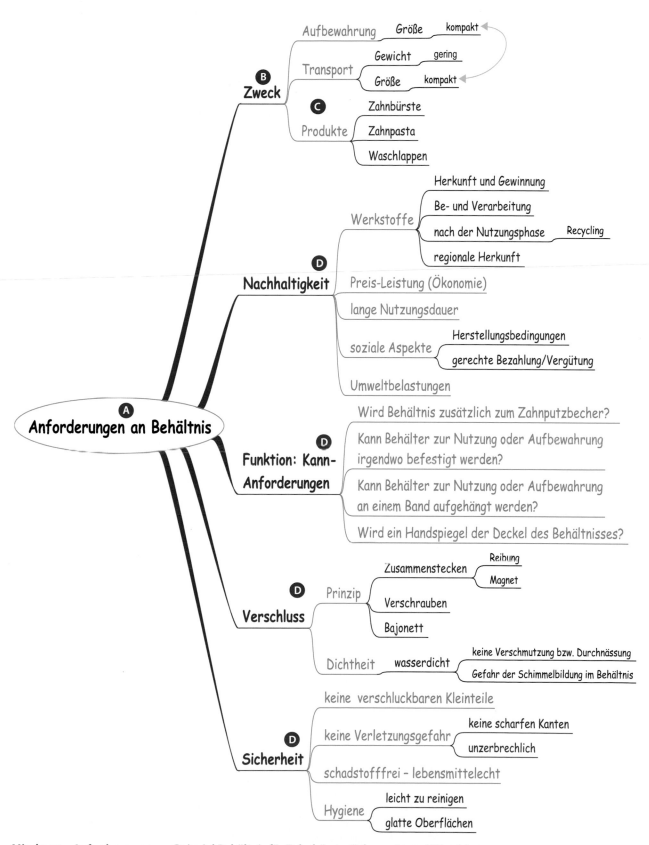

Mindmap – Anforderungen am Beispiel Behältnis für Zahnbürste, Zahnpasta und Waschlappen

Entwurf

Erste Ideen entwickeln

1 Skizzieren Sie Ihren erste Ideen und Gedanken für das Behältnis.

2 Stellen Sie dabei auch Ihre Produkte, die aufbewahrt und transportiert werden sollen, dar.

3 Ergänzen Sie Ihre Skizzen mit beschreibenden oder technischen Angaben.

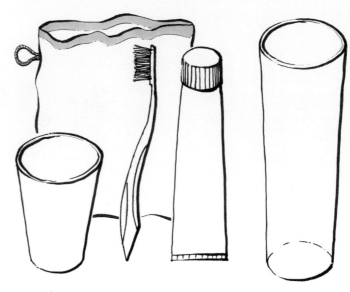

Erste Idee
Zahnputzbecher für Transport von Zahnpastatube, Zahnbürste und Waschlappen

Ideen auswählen

Analysieren Sie Ihre Ideen und wählen Sie eine vielversprechende Idee aus.

Entwurf ausarbeiten

1 Entwickeln Sie die ausgewählte Idee zeichnerisch weiter. Sie können Ihre Skizzen mit erklärenden Kommentaren ergänzen.

2 Übertragen Sie geeignete (Detail-)Lösungen Ihrer anderen Ideen auf Ihre ausgewählte Idee.

3 Wenn notwendig, fertigen Sie Ihre Ideen als Vormodelle aus Papier, Karton, Holz, Kunststoff u. a.

4 Analysieren Sie Ihre Entwürfe anhand Ihrer Anforderungen.

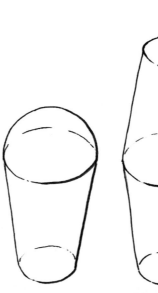

Erste Idee Kuppel

Analyse:

Klassischer Zahnputzbecher mit halbkugelförmigem Deckel, passt daher nur für kurze Reisezahnbürste und kleine Reisezahnpastatube.

Zweite Idee Doppeldecker

Analyse:

Zwei klassische Zahnputzbecher aufeinander gestülpt, Höhe reicht daher für übliche Zahnbürste und Zahnpastatube.

Dritte Idee Langer Hans

Analyse:

Ein in die Höhe gezogener Zahnputzbecher. Der Deckel könnte gleichzeitig ein Spiegel sein (also eine weitere Funktion).

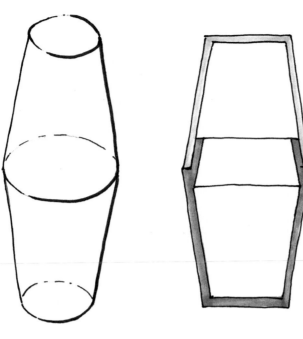

Varianten bilden und Entwurf optimieren

1 Finden Sie Lösungen für Schwächen oder bestehende Probleme Ihres Entwurfs.

2 Erstellen Sie Varianten Ihres Entwurfs.

3 Variieren Sie die Proportionen (Breite, Tiefe, Stärke ...).

4 Optimieren Sie Ihren Entwurf in Bezug auf Funktion und Handhabung.

Skizzen – Detaillierung

Verbindung der beiden Becher durch Zusammenstecken

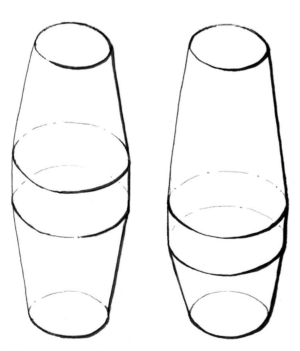

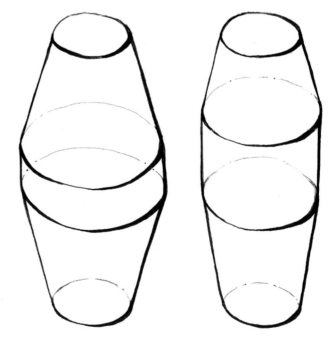

Skizzen – Proportionsuntersuchungen

Höhe und Grundfläche wurden in diesem Fall nicht variiert, da diese durch die aufzunehmenden Produkte Zahnbürste und Zahnpasta definiert sind.

Varianten und Optimierungen bewerten

Analysieren Sie Ihre Varianten und Proportionsuntersuchungen anhand Ihrer Anforderungen.

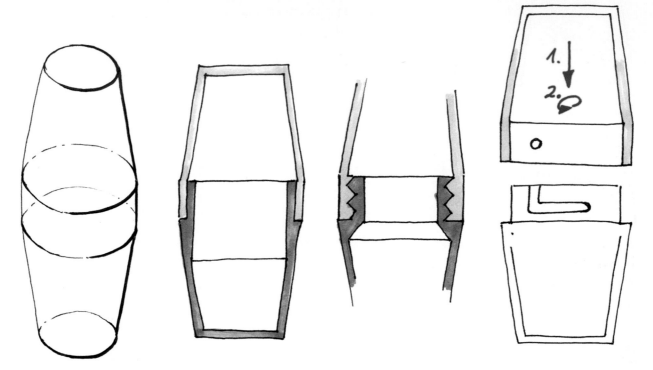

Skizzen – Ausarbeitung zur Verbindung der beiden Becher

Zylindrisches Mittelteil zum Zusammenstecken – zum Schrauben (Gewinde) – zum Zusammenstecken und Verdrehen (Bajonett)

Analyse

Das zylindrische Mittelteil zwischen den kegelstumpf-förmigen Elementen erlaubt unterschiedliche Verbindungsmöglichkeiten der beiden Hälften.
Die Bedienung, das Öffnen der beiden Hälften, kann bei allen Varianten durch eine aufgedruckte, eingravierte oder aufgesetzte Produktgrafik (zum Beispiel durch Pfeile) verbessert werden.

Zusammenstecken

Das Zusammenstecken der beiden Hälften wird durch das zylindrische Mittelteil erleichtert. Die Verbindung ist nicht so stabil wie Gewinde und Bajonett.
Weder außen noch innen sind Kanten und Rillen, die schwer gereinigt werden können.
Die Bedienung ist durch die sichtbare Fuge eindeutig, kann durch eine unterschied-liche Farbgebung der beiden Hälften verstärkt werden.

☹ unstabile Verbindung

☺ Hygiene – Reinigung gut

☺ Bedienung selbsterklärend

Gewinde

Das Zusammenschrauben der beiden Hälften ist eine sehr sichere, stabile Verbin-dung der beiden Hälften.
Es entstehen allerdings Kan-ten und Rillen, die schwer zu reinigen sind.
Die Bedienung ist durch die sichtbare Fuge eindeutig, kann durch eine unterschied-liche Farbgebung der beiden Hälften oder/und durch ver-tikale Rillen am Außenmantel des zylindrischen Mittelteils verstärkt werden.

☺ stabile Verbindung

☹ schwer zu reinigen

☺ Bedienung selbsterklärend

Bajonett

Das Zusammenfügen der beiden Hälften mit einem Bajonett ist eine sehr sichere, stabile Verbindung.
Es entstehen allerdings Kan-ten und Rillen, die schwer zu reinigen sind.
Die Bedienung beim Ver-schließen – zuerst zusam-menschieben, dann drehen – ist nicht selbsterklärend und setzt daher entsprechen-de Erfahrung der Nutzen-den oder eine erläuternde Produktgrafik voraus.

☺ stabile Verbindung

☹ schwer zu reinigen

☹ Bedienung nicht selbster-klärend

CAD-Konstruktion und Modellbau (optional)

Erstellen Sie in konventionellem klassischem Modellbau oder durch CAD-Konstruktion und 3D-Druck ein End-modell oder einen Prototyp Ihres Entwurfs. Selbstver-ständlich können Sie die beiden Vorgehensweisen auch kombinieren.

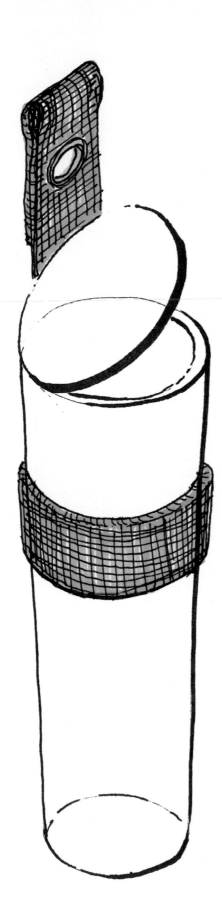

Detailskizzen – Fixierung des Bechers an Wandhaken oder Saugnapf

durch elliptische Lochung (oben) oder
durch Textilband (links)

ⓘ HINWEIS

Die Idee, Produkte im Stil einzelner Designerinnen, Designer oder Designepochen zu gestalten, lässt sich auch leicht auf die Behält-nisse dieses Kapitels übertragen. Weitere Hinweise finden Sie im Kapitel „Entwurf – Designgeschichte", in dem Produkte unter designgeschichtlichen Aspekten (re-)designt werden.

Technisches Produktdesign

Briefing

Szenario – Kopf hoch!

In den letzten Jahren gab es einen regelrechten Boom an Videositzungen. Diese werden auch zukünftig Teil des beruflichen und privaten Alltags bleiben. Doch viele Computerarbeitsplätze sind dafür nicht optimal ausgestattet. Einerseits sind die Kameras von Laptops und Tablets zwar oberhalb des Bildschirms angeordnet, liegen aber in Bezug zum Kopf der User immer noch deutlich tiefer. Diese Untersicht führt zu unvorteilhaften Nasenloch- und Doppelkinn-Videoübertragungen. Höher angeordnete Webcams helfen auch nur bedingt, da die User dann ständig nach unten auf den Bildschirm schauen und keinen Blickkontakt mit den anderen an der Konferenz Teilnehmenden haben. Bildschirm und Kamera müssen also höher angeordnet werden.

Das ständige Sitzen vor dem Rechner schadet auch dem Rücken der User. Wechselnde Sitzpositionen und Ausrichtungen oder gar ein Wechsel zwischen Arbeit im Sitzen und im Stehen hilft hier viel. Weitere Infos finden Sie in der folgenden Infobox „Problemzone Rücken".

Des Weiteren hilft das Arbeiten im Stehen oder bei senkrechter Sitzhaltung, da der Brustkorb freier und in Konferenzen oder Telefonaten die Stimme dadurch voluminöser ist. Durch den geraden Rücken und die dadurch gegebene straffere Körperhaltung (keine hängenden Schultern) steigert sich die persönliche Ausstrahlung.

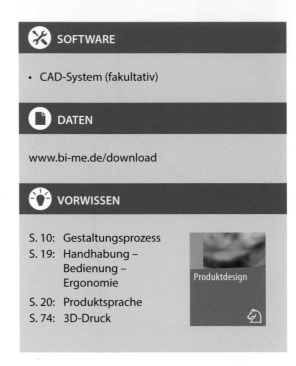

SOFTWARE

- CAD-System (fakultativ)

DATEN

www.bi-me.de/download

VORWISSEN

S. 10: Gestaltungsprozess
S. 19: Handhabung – Bedienung – Ergonomie
S. 20: Produktsprache
S. 74: 3D-Druck

Produktdesign

Lösungsstrategie – Tischaufsatz

Für die geschilderten Probleme können neben großen und teuren höhenverstellbaren Schreibtischen auch höhenverstellbare Tischaufsätze zum Einsatz kommen. In diesem Projekt entwickeln Sie einen solchen Tischaufsatz.

Technische Vorgaben

Muss-Anforderungen

- muss höhenverstellbar sein
- muss einen Laptop oder ein Tablet tragen
- muss ergonomisches Arbeiten ermöglichen

Kann-Anforderungen

- kann auch Platz für Eingabegeräte wie Tastatur und Maus bieten
- kann leicht zerlegbar, platzsparend oder transportierbar sein

Aufbau des Tischaufsatzes

Zur Herstellung des Prototyps oder Endmodells stehen zur Verfügung:

- Acrylplatten oder (Pappel-)Sperrholz
- Holzleisten (rechteckiger und quadratischer Querschnitt)
- Holzrundstäbe
- kleinere Rapidprototyping-Kunststoffteile (PLA)
- Kleinteile wie Schrauben, Unterlegscheiben u. a.

Modelle und technische Zeichnung

Das Projektergebnis umfasst:

- Skizzen und schattierte bzw. colorierte Zeichnungen sowie begleitende Texte (Begründungen)
- Vormodelle aus zum Beispiel Papier, Karton, Holz, Lego, Fischertechnik
- falls für das Modell andere Werkstoffe verwendet werden, visualisieren Sie Werkstoffe und Oberflächen des späteren Produkts (Farbcodierung und Werkstoffproben)

Optional können erstellt werden:

- funktionsfähiger Prototyp im Maßstab 1:1
- notwendige Fertigungsunterlagen – technische Zeichnungen

Planung

Konzeption

- bereits verfügbare höhenverstellbare Tischaufsätze recherchieren
- Funktionsprinzipien ableiten und weiterentwickeln
- eigenes Pflichtenheft erstellen
- erste Ideen entwickeln

Entwurf

- Ideen auswählen
- Entwurf ausarbeiten
- Vormodelle bauen
- Varianten bilden

CAD-Umsetzung (optional)

- Datei/Projekt anlegen
- Bauteile konstruieren
- Baugruppe erstellen
- technische Zeichnung erstellen
- Variantenbildung im CAD
- STL-Datei exportieren

Modellbau und 3D-Druck (optional)

- Hinweise zum 3D-Druck im FDM-Verfahren finden Sie im nachfolgenden Kapitel „Modellbau – 3D-Druck (FDM)"
- Leisten, Rundstäbe und Bretter zusägen
- Oberflächen bearbeiten
- Bauteile montieren

INFOBOX – Problemzone Rücken

Folgen von langem und falschem Sitzen

Falsche Sitzhaltungen am Schreibtisch oder Computer führen zu Verspannungen und Überlastungen im Arm-, Schulter- und Rückenbereich. Die Folgen sind Maus- oder Tennisarm, Beschwerden mit der Halswirbelsäule und Rückenschmerzen.

Zu langes Sitzen ohne Haltungswechsel und ohne Bewegungsausgleich führt zu Schäden am Bewegungsapparat, da sich im Bereich von Extremitäten, Schulter und Wirbelsäule die Muskeln und die Bänder zurückbilden. Auch die Bandscheiben sollten regelmäßig be- und entlastet werden, damit diese ihre Geschmeidigkeit behalten. Ansonsten wird die Bewegungsfähigkeit eingeschränkt. Außerdem werden Schonhaltungen eingenommen, welche die Verspannungen und Schmerzen verstärken.

Ferner reduziert langes und häufiges Sitzen die Durchblutung der Beine und erhöht dadurch das Risiko von Bluthochdruck.

Immer wieder wechselnde Sitzhaltungen und vor allem auch abwechselndes Arbeiten im Stehen oder Sitzen hilft diesen Problemen vorzubeugen.

Volkskrankheit Rücken

Neben psychischen Erkrankungen und Krankheiten des Atmungssystems, wie zum Beispiel Erkältungen, zählen Rückenleiden seit Jahren nahezu unverändert zu den häufigsten Gründen für Fehltage von Erwerbstätigen.

Nach neuesten Untersuchungen gehören die vorrangig aus unterschiedlichen Formen von Rückenbeschwerden resultierenden Muskel-Skelett-Erkrankungen weiterhin zu den wichtigsten Ursachen für krankheitsbedingte Fehltage. Die Techniker Krankenkasse ermittelte, dass im Jahr 2020 mehr als jeder zwölfte Fehltag in Deutschland (8,5 Prozent) durch Rückenbeschwerden hervorgerufen wurde.

Die Barmer ermittelte ähnliche Werte. Über alle Branchen der arbeitsfähigen Versicherten sind Muskel-Skelett-Erkrankungen die häufigste Ursache für Arbeitsausfall. 2020 entfielen 22,1 Prozent aller Fehlzeiten auf Muskel-Skelett-Erkrankungen.

Weiterführende Informationen und Quellen:

Anna Braun, Thomas G. Grobe: BARMER Gesundheitsreport 2021 – Schriftenreihe zur Gesundheitsanalyse – Band 31

Techniker Krankenkasse (Herausgeber): Gesundheitsreport 2021 – Arbeitsunfähigkeiten

Ulrike Kuhlmann: Steh bitte mal auf, c't 11/2021, Seite 100 ff., Heise Verlag, Hannover

---

Anteilige Verteilung der Fehlzeiten auf Krankheitsarten 2020

Seit Jahren gehören Muskel-Skelett-Erkrankungen zu den Krankheitsarten, die zu hohen Fehlzeiten unter den Versicherten der Barmer führen.

Quelle:
Anna Braun, Thomas G. Grobe: BARMER Gesundheitsreport 2021 – Schriftenreihe zur Gesundheitsanalyse – Band 31, Seite 51

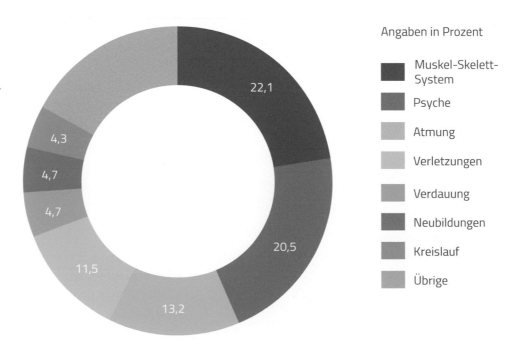

Angaben in Prozent

- Muskel-Skelett-System
- Psyche
- Atmung
- Verletzungen
- Verdauung
- Neubildungen
- Kreislauf
- Übrige

Durchführung

Konzeption

Produkte recherchieren

Recherchieren Sie (höhenverstellbare) Tischaufsätze und ähnliche Produkte (zum Beispiel Lesepult für den Tischeinsatz, Bett-Tablett).

Untersuchen Sie die recherchierten Produkte auf deren Funktionsweisen und Funktionsprinzipien, soweit dies anhand der Abbildungen möglich ist.

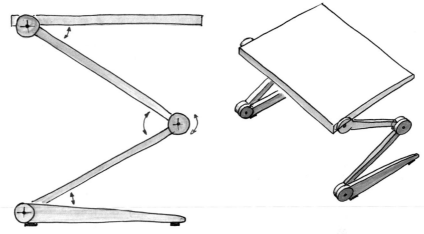

Verstellbare Beine mit Drehgelenken

Funktionsprinzipien darstellen

Die Recherche bereits verfügbarer, verstellbarer Tischaufsätze ergibt vielfältige Funktionsprinzipien, die sich unter anderem in folgende Hauptgruppen einteilen lassen:

- verstellbare Beine mit Drehgelenken
- Scherengestelle
- einsteckbare Platten

1 Skizzieren Sie diese Funktionsprinzipien.

2 Kennzeichnen Sie Bewegungsrichtungen bzw. Verstellmöglichkeiten mit Pfeilen.

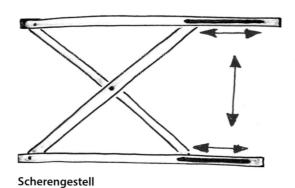

Scherengestell

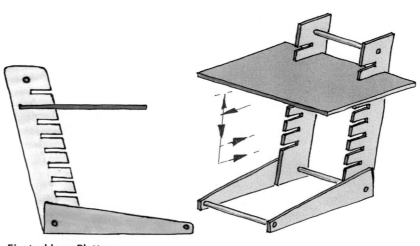

Einsteckbare Platten

Ideen und Detaillösungen für Drehgelenke

Wie können Dreh- oder Rastgelenke stabilisiert bzw. fixiert werden?

Die Fixierung verstellbarer Gelenke kann über Kraft und Reibung erfolgen (Kraftschluss) oder über die Form der Elemente des Gelenks, die ineinander einrasten (Formschluss). Die Elemente werden oft durch Kraftschluss in der Position des Formschlusses gehalten.

Zum Einsatz kommen häufig:

- Elemente, die ineinander eingehakt werden, zum Beispiel das System Liegestuhl (Formschluss)
- Rastelemente durch zum Beispiel Zahnscheiben (Formschluss), die durch Federn oder Verschraubung aneinander gedrückt und damit gesichert werden (Kraftschluss)
- verschraubbare Gelenke (Kraftschluss)
- Gasdruckfedern (Kraftschluss), zum Beispiel durch die Höhenverstellung an Bürostühlen bekannt

Ideen und Detaillösungen entwickeln

1 Entwickeln Sie auf Basis Ihrer Recherchen der Funktionsprinzipien neue Ideen oder Detaillösungen für höhenverstellbare Tischaufsätze.

2 Erläutern Sie Ihre Ideen oder Detaillösungen mit Hinweisen bezüglich Verstellbarkeit, Kraft- oder Formschluss.

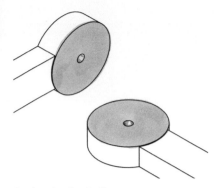

Drehgelenk – Reibung
Drehgelenkshälften mit Schraubverbindung, hoher Kraftaufwand – kraftschlüssig

Drehgelenk – Reibung
Drehgelenkshälften mit Schraubverbindung, Gummizwischenlage erhöht Reibung, daher geringerer Kraftaufwand – kraftschlüssig

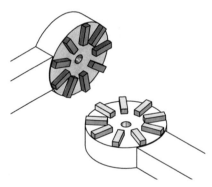

Blockierung mit Quader
Drehgelenkshälften mit Schraubverbindung, geringer Kraftaufwand, da Quader in Zwischenräume einrasten, Nachteil punktuelle Belastung – formschlüssig

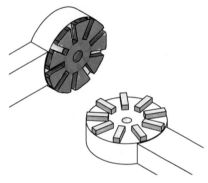

Blockierung Quader und Gegenstück
Drehgelenkshälften mit Schraubverbindung, geringer Kraftaufwand, da Quader in Zwischenräume einrasten, flächige Belastung – formschlüssig

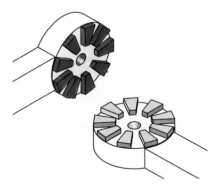

Blockierung in Trapezform
Drehgelenkshälften mit Schraubverbindung, geringer Kraftaufwand, da trapezförmige Elemente ineinander einrasten, flächige Belastung – formschlüssig

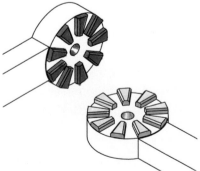

Blockierung in Trapezform
Drehgelenkshälften mit Schraubverbindung, geringer Kraftaufwand, da trapezförmige Elemente ineinander einrasten, leichteres Einrasten durch Facetten – formschlüssig

Ideen und Detaillösungen für Scherengestell

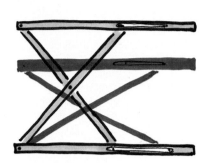

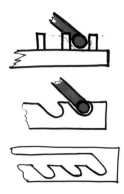

➡ *Schräge, damit Verbindung einfacher in die nächste Vertiefung rutschen kann*

Scherengestell

Eine Strebe ist unten links, die andere oben links auf einer Achse gelagert. In der Mitte der Streben sind diese ebenfalls auf einer Achse drehbar.

Scherengestell – Fixierung

Es bieten sich folgende Möglichkeiten:

1. Scherengestell
   – System Verschraubung
   offene Enden der Streben oben an Tisch- und unten an Bodenplatte in Langlöchern geführt und mindestens eines davon durch Festschrauben fixiert
   – kraftschlüssig

2. Scherengestell – System Liegestuhl (funktioniert oben an Tisch- oder unten an Bodenplatte)

   – Strebenende in Grundleiste einhängen in Zapfen – formschlüssig

   – Strebenende in Grundleiste einhängen in Sägezahnform – formschlüssig

   Optimierung System Liegestuhl, indem Sägezahnprofil oben wieder geschlossen wird, damit beim Transport nicht alles auseinander klappt.

3. Scherengestell – System Bügelbrett (*Skizzen Kathrin Elias*) Bügelbrettmechanik wird oben an Tischplatte angebracht. Unteres Gestell und Führungen können zu Gunsten zweier Füße entfallen – formschlüssig.

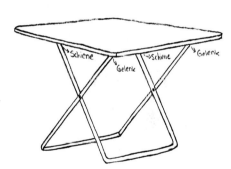

Weitere Ideen und Funktionsprinzipien für Scherengestell

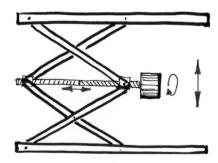

Scherengestell – Wagenheber

Aufbau wie oben, aber zwei Scheren. Die mittleren Gelenke sind mit einem Rechts-/Links-Gewinde verbunden. Beim Drehen fahren die Scheren zusammen oder auseinander – formschlüssig.

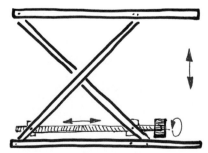

Scherengestell – Gewinde

Aufbau wie oben, statt Rastelementen wird ein Rechts-/Links-Gewinde eingesetzt, um die Scheren zusammen oder auseinander zu bewegen und gleichzeitig zu fixieren – formschlüssig.

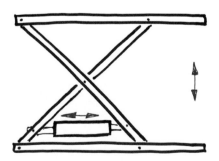

Scherengestell – Gasdruckzylinder

Aufbau wie oben, statt Rastelementen wird ein Gasdruckzylinder eingesetzt, um die Scheren zu stabilisieren – kraftschlüssig.

Pflichtenheft erstellen

Erstellen Sie auf Basis Ihrer Recherchen der am Markt erhältlichen Produkte, Ihrer Funktionsanalyse und der Darstellung der Funktionsprinzipien und Ihrer Ideen ein tabellarisches Pflichtenheft, welches folgende Kriterien unterscheidet:
- Muss-Kriterien
- Soll-Kriterien
- Kann-Kriterien

Exemplarische Lösung Pflichtenheft		
Muss-Kriterien	**Soll-Kriterien**	**Kann-Kriterien**
• Tischplattengröße min. 400 mm breit und 300 mm tief • in mindestens 3 Stufen und mindestens um 200 mm höhenverstellbar • Verstellmöglichkeit selbsterklärend und intuitiv bedienbar • ergonomisches Arbeiten ermöglichen • einen Laptop oder ein Tablet tragen, daher mit min. 3 kg belastbar • fester Stand auf dem Tisch • stabiler Aufbau mit tiefliegendem Schwerpunkt • Verletzungsgefahr minimieren (zum Beispiel keine scharfen Kanten und Ecken) • darf Tisch nicht zerkratzen	• nachhaltige Werkstoffe und Fertigung • langlebig • reparierbar • Kühlung des Laptops/Tablets durch gute Luftzufuhr • leicht zu reinigen, glatte Oberflächen ohne Riefen oder Rillen	• Platz für Eingabegeräte wie Tastatur und Maus bieten durch zum Beispiel tiefere Zusatzfläche für Tastatur und/oder Maus • Neigung verstellbar • leicht zerlegbar • platzsparend • leicht transportierbar (Gewicht, Größe) • Kabelorganizer z. B. Lade-, USB- oder Monitorkabel • Organizer/Ablage für USB-Sticks, SD-Karten u. a.

Entwurf

Ausarbeitungen mit Variantenbildung und Optimierungen

1 Entwickeln Sie die ausgewählte Idee zeichnerisch weiter. Sie können Ihre Skizzen mit erklärenden Kommentaren ergänzen.

2 Übertragen Sie geeignete (Detail-)Lösungen Ihrer anderen Ideen auf Ihre ausgewählte Idee.

3 Wenn notwendig, fertigen Sie Ihre Ideen als Vormodelle aus Papier, Karton, Holz, Kunststoff u. a.

4 Bilden Sie Varianten.

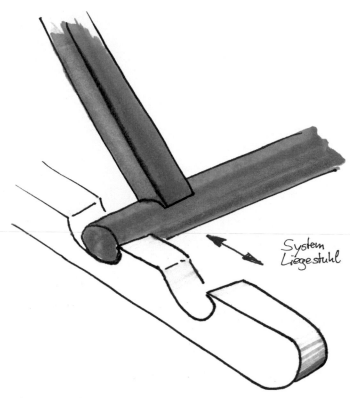

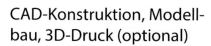

Scherengestell – System Liegestuhl
Rastet durch Eigengewicht in „Sägezähne" ein. Die Verbindung ist formschlüssig.

CAD-Konstruktion, Modellbau, 3D-Druck (optional)

Erstellen Sie in konventionellem klassischem Modellbau oder durch CAD-Konstruktion und 3D-Druck ein Endmodell oder einen Prototyp Ihres Entwurfs. Selbstverständlich können Sie die beiden Vorgehensweisen auch kombinieren.

   Hinweis: Das nebenstehende „Drehgelenk für verstellbare Beine" wird im nachfolgenden Kapitel „Modellbau – 3D-Druck (FDM)" mit einem 3D-Drucker gedruckt. Dort werden auch zwei Varianten eines Handrads als Schraubenkopf vorgestellt.

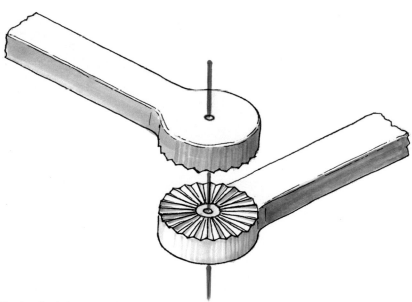

Drehgelenk für verstellbare Beine
Weitere Optimierung: Zähne mit dreieckigem Querschnitt. Diese rasten ohne weiteres Zutun im Gegenstück ein. Eine Schraube durch die Bohrungen (rote Line) hält die beiden Hälften zusammen. Das Gelenk verstellt sich durch die ineinander eingehakten Hälften nicht. Die Verbindung ist formschlüssig.

System Bügelbrett
– Skizzen und Modell von Kathrin Elias

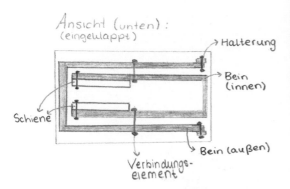

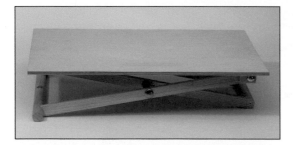

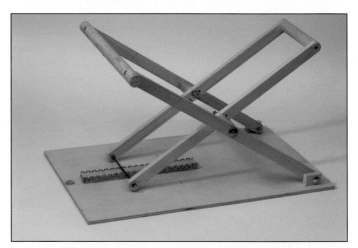

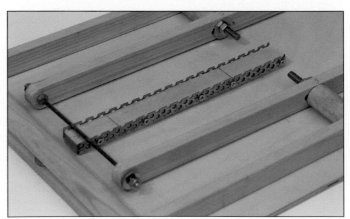

Höhenverstellbarkeit durch selbstblockierende Gelenke
– Skizzen und Modelle von Julia Seelmeier

- Varianten: 2 oder 3 Gelenke, Tischneigung, Querstreben
- Selbstblockierendes Gelenk: erste Idee
- Vormodell: Neigungsverstellung – Höhenverstellung

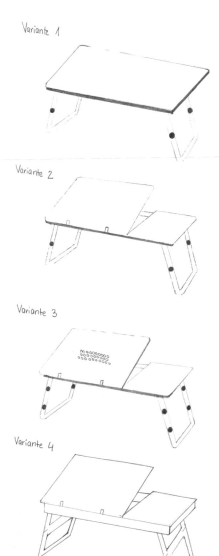

Variante 1

Variante 2

Variante 3

Variante 4

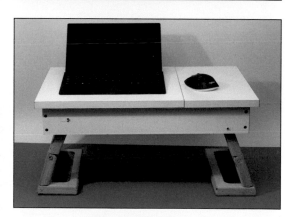

**Laptopablage als Tragetasche – verstellbare Beine mit Drehgelenken
– Skizzen und Modell von Franca Wagenblast**

- Ideenskizzen
- Weitere Gedanken zu den einrastenden Drehgelenken
- Vormodell noch ohne Aussparungen zur Gewichtsreduzierung sowie
  ohne einrastende Drehgelenke

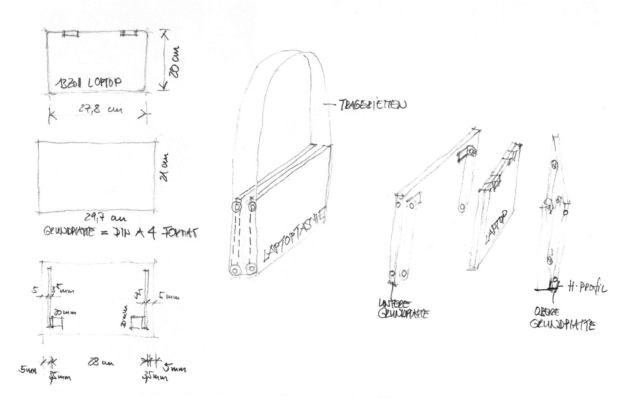

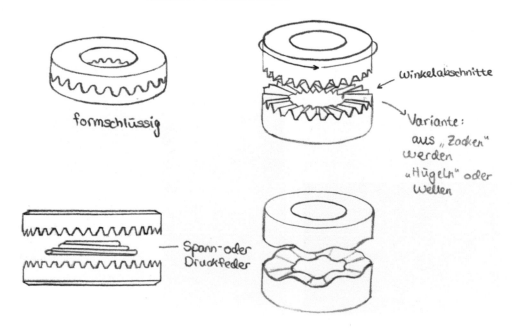

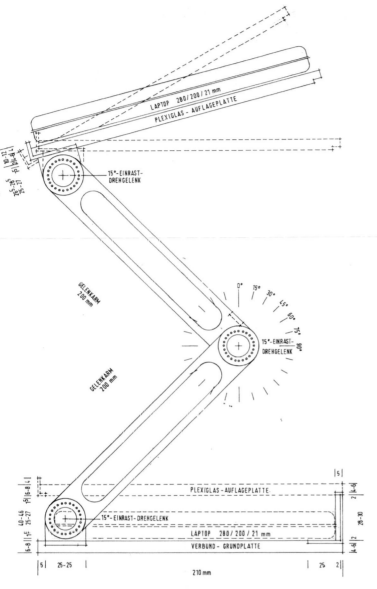

LAPTOP 280 / 200 / 21 mm

PLEXIGLAS - AUFLAGEPLATTE

15°-EINRAST-
DREHGELENK

GELENKARM
200 mm

0°   15°   30°   45°   60°   75°   90°

15°-EINRAST-
DREHGELENK

GELENKARM
200 mm

PLEXIGLAS - AUFLAGEPLATTE

15°-EINRAST-DREHGELENK

LAPTOP 280 / 200 / 21 mm

VERBUND - GRUNDPLATTE

210 mm

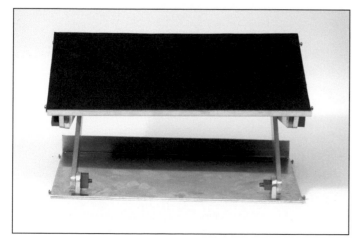

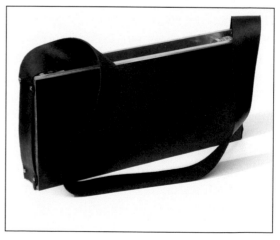

Modellbau – 3D-Druck (FDM)

Briefing

Szenario – Modell Drehgelenk

Zur Darstellung Ihrer Ideen dienen neben Skizzen und manuelle oder computergestützte Zeichnungen auch dreidimensionale Modelle. Dabei werden je nach Zweck und Detaillierungsgrad Vormodelle, Vorführmodelle, Funktionsmodelle oder Prototypen unterschieden. Der klassische Modellbau wird immer mehr durch Rapidprototyping, also 3D-Druck, verdrängt.

Vor allem wenn bereits 3D-CAD-Daten vorliegen, lohnt sich der Einsatz von 3D-Druck.

In diesem Kapitel wird exemplarisch ein im vorigen Kapitel „Technisches Produktdesign" entworfenes Bauteil „Drehgelenk für verstellbares Bein" in 3D-Druck hergestellt. Zum Einsatz kommt das weitverbreitete und kostengünstige FDM-Verfahren (Fused Desposition Modeling).

Technische Angaben

Aufbau des Modells

Um sinnvoll im FDM-Verfahren 3D-gedruckt zu werden, muss das Modell einige Bedingungen erfüllen:

- Es darf keine zu geringen Wandstärken haben – größer 1 mm ist sinnvoll.
- Es muss in den Bauraum des 3D-Druckers passen.
- Strukturen, größer als 1 mm, sollten vermieden werden, da diese sonst unscharf abgebildet werden, weil die derzeit üblichen Druckdüsen einen Durchmesser von 0,4 mm haben.
- Hinterschneidungen müssen abgestützt werden.

SOFTWARE

- Inventor 2021 oder anderes CAD-System
- Drucksoftware (Slicer) des 3D-Druckers

DATEN

www.bi-me.de/download

VORWISSEN

S. 64: Modellbau
S. 74: 3D-Druck

Produktdesign

HINWEIS

In diesem Kapitel wird das Vorgehen beim FDM-Verfahren (Fused Desposition Modeling) beschrieben. Im Kapitel „CAD Modellierung – 3D-Druck" finden Sie weitere Informationen zum 3D-Drucken im hochauflösenden SLA-Verfahren (Stereolithografie) .

Planung

Vorarbeit

- umzusetzende Ideen sind entwickelt
- Form und Maße der Bauteile sind definiert
- im CAD-System sind die 3D-Modelle konstruiert

Vorbereitung

- im CAD-System für jedes zu druckende Bauteil eine STL-Datei erstellen
- 3D-Drucker einschalten
- Bauplatte ausrichten
- Filament einspulen
- Drucker vorheizen (Düse(n) und Bauplatte)

3D-Druck

- STL-Datei in 3D-Drucksoftware (Slicer) importieren
- Modell ausrichten und auf Bauplatte platzieren
- falls notwendig Stützen definieren
- Druckparameter festlegen
- Druckdaten erzeugen
- Daten an Drucker übertragen
- 3D-Druck starten

Nach dem 3D-Drucken

- den fertigen 3D-Druck entnehmen
- Druckplatte und Druckraum reinigen
- 3D-Druck nachbearbeiten

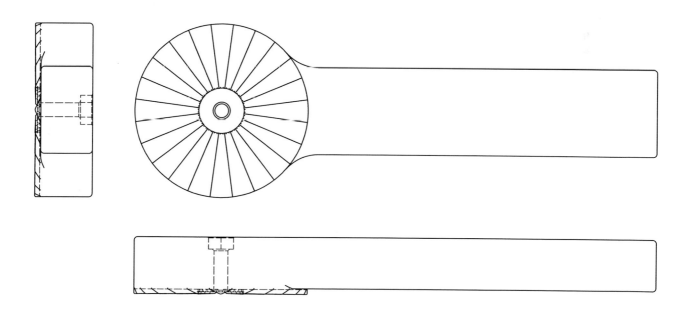

Bauteil für 3D-Druck: Modell Drehgelenk für verstellbares Bein

Bauteil wird im Kapitel „Technisches Produktdesign" entwickelt. Gegenstück ist das gleiche Bauteil, aber ohne die Aussparung für Mutter. Am Ende dieses Kapitels finden Sie das zur Vervollständigung der Funktion notwendige Handrad (Schraubenkopf).

Durchführung

Vorbereitung

STL-Datei erzeugen

1 Öffnen Sie Ihr im CAD-System konstruiertes 3D-Modell.

2 Beginnen Sie den Export Ihres Modells im STL-Format durch Klick ins Menü `<Datei>` **A**.

3 Wählen Sie `<Speichern unter>` **B**, dann `<Kopie speichern unter>` **C**.

4 Wählen Sie bei `<Dateityp>` **D** das gewünschte Format `<STL-Dateien (*.stl)>` **E**.

5 Klicken Sie den Button `<Optionen>` an.

6 Wählen Sie bei `<Einheiten>` **F** die Einheit `<Millimeter>` **G** aus.
Das STL-Format kennt keine Längeneinheiten. Achten Sie deshalb auf die Einstellung, dass 1 mm Ihrer Konstruktion einer Einheit in der STL-Datei entspricht.

7 Wählen Sie die gewünschte Auflösung **H**. Je kleiner die Rundungen sind, desto höhere Auflösung der STL-Datei benötigen Sie.

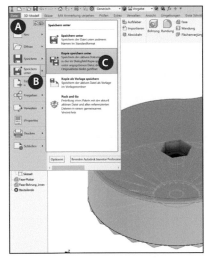

STL-Datei erzeugen:
• Speichern unter
• Kopie speichern unter

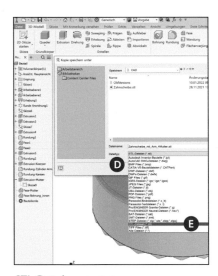

STL-Datei erzeugen:
Dateityp <STL-Dateien (*.stl)> wählen

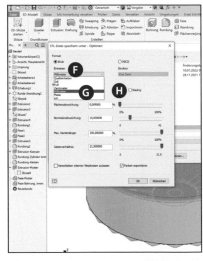

STL-Datei erzeugen:
• Button <Optionen> anklicken
• Einheiten auf <Millimeter> stellen
• Auflösung wählen

3D-Drucker vorbereiten

1 Schalten Sie den 3D-Drucker ein.

2 Je nach Druckermodell:
Setzen Sie die Bauplatte ein.
Justieren Sie die Bauplatte.

3 Spulen Sie Ihr gewünschtes Filament (Farbe und Kunststoffart) ein.

4 Wenn Sie zeitnah Ihren Druckvorgang beginnen, heizen Sie Ihren 3D-Drucker (Düse(n) und Bauplatte) vor.

Modellbau – 3D-Druck (FDM)

3D-Druck im FDM-Verfahren

STL-Datei importieren und platzieren

1 Öffnen Sie Ihre STL-Datei in Ihrer 3D-Drucksoftware (Slicer) **A**.

2 Richten Sie Ihr Objekt mit der gewünschten Fläche so aus, dass es auf dem Druckbett (Plattform) liegt (XY-Ebene) **B**.

3 Falls notwendig oder gewünscht, können Sie nun Ihr Objekt skalieren **C**.

4 Schieben Sie Ihr Objekt an die gewünschte Stelle auf der Bauplatte (XY-Ebene) **B**.

5 Erzeugen Sie manuell **D** oder automatisch **E** die Stützstrukturen (Supports) **F**, welche den späteren Bereich für die Mutter beim Druckvorgang abstützen. Diese Stützen werden nach dem Druck manuell entfernt.
Stützen werden zur Abstützung des Druckobjekts benötigt. Besonders, wenn die zu druckenden Strukturen parallel oder in einem Winkel flacher als 45° zur Bauplatte stehen, muss mit Stützstrukturen stabilisiert und unterstützt werden.

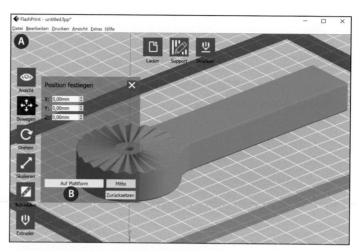

STL-Datei öffnen und Modell platzieren

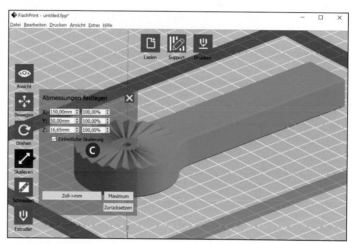

Modell skalieren

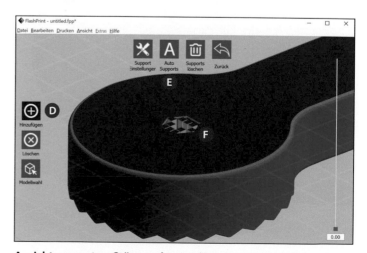

Ansicht von unten: Stützstrukturen (Supports) erzeugen

6 Erzeugen Sie die Druckdaten, indem Sie den Button `<Drucken>` anklicken.

Berücksichtigen Sie die unterschiedlichen Parameter **G** unterschiedlicher Filament-Werkstoffe. Geben Sie die Schichtstärke an. Aktivieren Sie weitere Optionen wie Raft oder Brim und zur Einsparung von Druckzeit und Filament die Generierung von automatisch erzeugten internen Stützstrukturen **H**.

7 Senden Sie die Druckdaten direkt an den Drucker **I** oder speichern Sie diese auf der SD-Karte des 3D-Druckers, indem Sie den Button `<Drucken>` **J** anklicken.

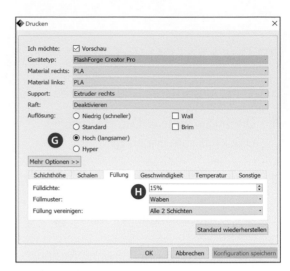

Druckparameter einstellen

ℹ INFOBOX – Optionen beim 3D-Druck

Raft

Das Bauteil wird etwas angehoben. Zwischen Bauplatte und Bauteil wird zur Verbesserung der Haftung eine Zwischenschicht gedruckt. Rafts helfen auch gegen Verziehen von Bauteilen („Warping") während des Drucks.

Brim

Brim dient ebenfalls einer besseren Haftung am Druckbett. Es wird um das Werkstück, das auf der Bauplatte verbleibt, zusätzlich außen herum gedruckt und spart im Vergleich zu Raft somit Filament, Zeit und Nacharbeit.

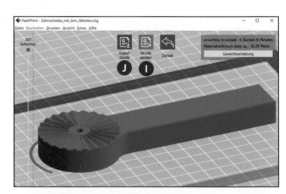

Erzeugte Druckdaten abspeichern

3D-Drucker starten

1 Falls notwendig legen Sie die SD-Karte mit den Druckdaten in den 3D-Drucker **K** ein.

2 Wählen Sie Ihre Druckdaten aus.

3 Starten Sie den Ausdruck.

Display des 3D-Druckers: Druckdaten auswählen

SD-Karte in 3D-Drucker einlegen

Nach dem 3D-Drucken

1 Lösen Sie mit einer Spachtel das Modell vorsichtig von der Bauplatte.

2 Säubern Sie den Bauraum und die Bauplatte.

3 Versäubern Sie die Kanten und die Flächen Ihres Modells durch Feilen und Schmirgeln.

4 Wenn Sie Ihr Modell lackieren wollen, grundieren Sie es. Filler als Grundierung ebnen dabei die Flächen ein. Anschließend schmirgeln Sie vorsichtig. Gegebenenfalls „fillern" Sie ein weiteres Mal. Anschließend lackieren Sie in der gewünschten Farbe.

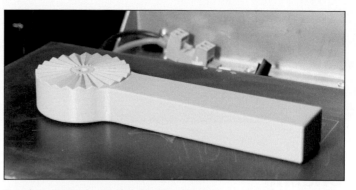

Druckvorgang des Drehgelenks beendet

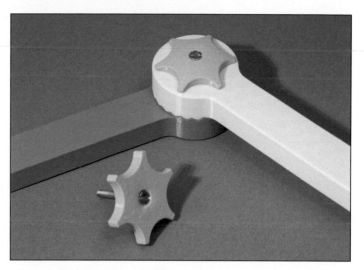

Drehgelenk – Variante gewölbtes Handrad

Aus Gründen der Symmetrie könnte die gegenüberliegende Seite des Gelenks ebenfalls gewölbt werden. Eine konsequente Weiterentwicklung wäre dann, die Gelenke statt aus der Grundform Zylinder als Kugel zu gestalten.

Druckvorgang des Handrads
Modell und Druckkopf mit Führung und Zahnriemen

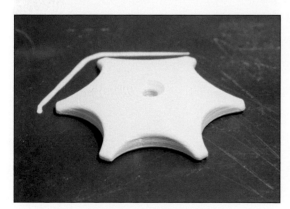

Druckvorgang des Handrads beendet

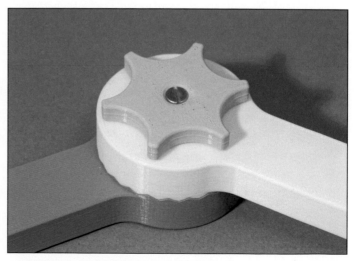

Drehgelenk – Variante flächiges Handrad

Produktoptimierung – CAD

Briefing

Szenario – ergonomische Optimierung

In Projekten muss nicht immer ein ganzes Produkt entworfen werden. Projekte können sich auch auf Teilbereiche oder Optimierungen von Produkten beziehen.

Wählen Sie ein Produkt, bei dessen Bedienung oder Handhabung Sie Probleme entdeckt haben. Beseitigen Sie dieses Problem durch Optimierung des Produkts.

In diesem Projekt wird exemplarisch ein SD-Karteneinschub eines 3D-Druckers optimiert, der folgende Probleme aufweist:

- Die seitlich rechts am 3D-Drucker angeordnete Gehäuseöffnung für den SD-Kartenleser ist so breit, dass die SD-Karte statt in den SD-Kartenleser auch daneben eingeschoben werden kann **A**.
- Am Einschub ist weder oben noch unten die Führung der SD-Karte gegeben **B**.

Gesucht ist ein Zusatzelement zum erleichterten Einschieben der SD-Karte. Zur Lösung wird das Zusatzelement in zwei Bereiche aufgeteilt, die getrennt bearbeitet werden:

- Ein Innenelement, das die Gehäuseöffnung so verändert, dass die SD-Karte direkt in den SD-Kartenleser geführt wird.
- Ein Außenelement, dessen Formensprache zu der des Druckers passt. Die Produktsprache sollte auf die Bedienung, also das Einschieben und die Entnahme der SD-Karte, hinweisen. Der Bedienvorgang sollte leicht möglich sein und Fehlbedienungen ausschließen.

Zuerst konzipieren und konstruieren Sie das Innenteil, dann entwerfen Sie verschiedene Varianten für das Außenteil, welches mit dem Innenteil verbunden ist. Anschließend analysieren und beurteilen Sie die Varianten.

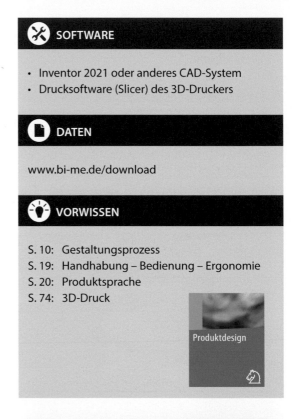

SOFTWARE

- Inventor 2021 oder anderes CAD-System
- Drucksoftware (Slicer) des 3D-Druckers

DATEN

www.bi-me.de/download

VORWISSEN

S. 10: Gestaltungsprozess
S. 19: Handhabung – Bedienung – Ergonomie
S. 20: Produktsprache
S. 74: 3D-Druck

Foto des Ausgangszustandes des SD-Kartenlesers

Technische Angaben

Größe des Gehäuseöffnung:

- Breite: 5,1 mm
- Höhe: 43,4 mm
- Wandstärke: 4,0 mm

Versatz zum SD-Kartenleser:

- nach vorne: 1,0 mm
- nach hinten: 2,0 mm
- nach oben: 5,1 mm
- nach unten: 6,3 mm

Maße SD-Karte:

- Breite: 24,0 mm
- Tiefe: 32,0 mm
- Höhe: 2,1 mm

Bedienung:

Die eingesteckte SD-Karte ragt ca. 2 mm aus dem Gehäuse heraus. Zum Auswerfen muss die SD-Karte ca. 1 mm nach innen gedrückt werden und springt dann um ca. 5 mm heraus.

Die SD-Karte muss sich mit wenig Kraftaufwand ausrasten lassen und nach dem Auswurf einfach entnommen werden können.

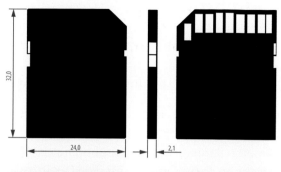

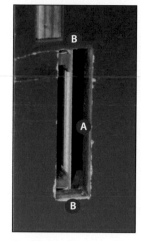 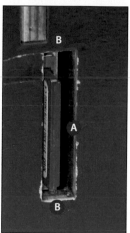

Detail des SD-Kartenlesers ohne und mit SD-Karte

Der Versatz zur Gehäuseöffnung ist gut erkennbar. Eventuell können mit dem neuen Element auch die ausgefransten Kanten verdeckt werden.

Planung

Konzeption

- Innenelement entwickeln, das Gehäuseöffnung reduziert und die SD-Karte in den SD-Kartenleser führt
- Außenelement planen

Entwurf und Konstruktion

- Innenelement als Bauteil konstruieren
- Außenelement zur erleichterten Einführung der SD-Karte in den SD-Kartenleser entwerfen
- Außenelement konstruieren
- im CAD-System Varianten bilden
- Ergebnisse analysieren

3D-Druck im FDM-Verfahren

- STL-Export und ausdrucken – weiteres Vorgehen siehe Projekt „Modellbau – 3D-Druck (FDM)"

Durchführung

Grundelement konzipieren

Gehäuseöffnung mit Innenelement verschließen

Beginnen Sie mit dem Reduzieren der zu breiten und zu hohen Gehäuseöffnung, indem Sie einen inneren Rahmen um die Öffnung für die SD-Karte zeichnen. Diese Öffnung für die SD-Karte wird in beide Richtungen `0,6 mm` größer als die SD-Karte selbst – also `0,3 mm` rundherum. Dies stellt einen guten Kompromiss zwischen guter Führung und Leichtgängigkeit der SD-Karte dar.

Wenn Sie die Lage der SD-Kartenöffnung zur Gehäuseöffnung sehen, fällt auf, dass nach vorne nur ein Steg von `0,4 mm` stehen bleibt. Da dieser schmale Steg bei der Herstellung mit dem vorhandenen 3D-Drucker zu Schwierigkeiten führen kann, wird dieser weggelassen. Das Element, das die Gehäuseöffnung verschließt, hat also eine „]"-Form **Ⓐ**.

Außenelement Einschubhilfe planen

Das Außenelement soll größer sein als die Gehäuseöffnung, sodass das neue Bauteil nicht ins Gehäuse eingedrückt werden kann. Ferner soll das Einfädeln der SD-Karte erleichtert werden.

Alle folgenden Varianten sind symmetrisch zur Öffnung für den SD-Karteneinschub. Die Lücke, die der weggelassene 0,4 mm breite Steg hinterlässt, wirkt sich daher nicht weiter aus.

Die einfachste Lösung ist ein quaderförmiges Element mit 1 mm Höhe (wegen Auswurf der SD-Karte nicht höher) mit der Aussparung für die SD-Karte und stark angefasten oberen Kanten und leichten Abrundungen. Die erste Variante ist stark abgerundet. Entwickeln Sie weitere Varianten.

Einschubhilfe konstruieren

Datei/Projekt anlegen

1 Öffnen Sie Ihr CAD-System und erstellen Sie ein neues Projekt mit dem Namen `<Einschubhilfe>`.

2 Erstellen Sie ein Bauteil mit dem Dateinamen `<Innenelement>`.

Innenelement konstruieren

1 Gehen Sie in den 2D-Skizziermodus. Wählen Sie die XY-Ebene. Um die Leichtgängigkeit der SD-Karte in der Einschubhilfe zu gewährleisten, zeichnen Sie symmetrisch zum Ursprung ein Rechteck mit den Maßen der SD-Karte plus `0,6 mm`:
   • waagrechte Kantenlänge `2,7 mm` **Ⓑ**
   • senkrechte Kantenlänge `24,6 mm` **Ⓒ**.

2 Zeichnen Sie ein weiteres Rechteck um das vorhandene. Bemaßen Sie den linken Abstand der beiden Rechtecke wie folgt:

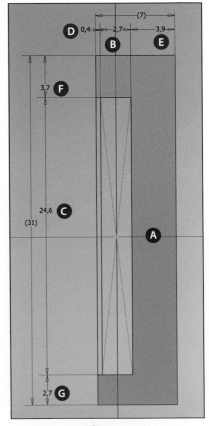

Innenelement Ⓐ skizzieren

- links 0,4mm **D**
- rechts 3,9 mm **E**
- oben 3,7 mm **F**
- unten 2,7 mm **G**

3 Dehnen Sie die obere und die untere Seite des ersten Rechtecks nach links bis zum äußeren, zweiten Rechteck.

4 Beenden Sie den Skizziermodus.

5 Erstellen Sie aus der „]"-Form eine <Extrusion> mit 4 mm Stärke. Wählen Sie eine negative Extrusionsrichtung.

6 Versehen Sie die äußeren später nach innengewandten Kanten mit einer Fase von 0,8 mm, um das Einpressen ins Gehäuse des 3D-Druckers zu erleichtern.

7 Speichern Sie das Bauteil unter dem Dateinamen <Innenelement>.

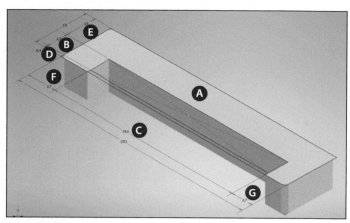

Innenelement A konstruieren – Skizze, Extrusion und Fasen

Außenelement konstruieren

1 Gehen Sie in den 2D-Skizziermodus. Wählen Sie die XY-Ebene bzw. die äußere, obere Seite des gerade konstruierten Innenteils. Zeichnen Sie symmetrisch zur Y- und Z-Achse ein Rechteck mit einer waagrechten Kantenlänge von 14,7 mm **A** und einer senkrechten von 36,6 mm **B**, also mit 6 mm Versatz zum Rechteck, das den Einschubschlitz beschreibt.

2 Erstellen Sie in die positive Richtung eine <Extrusion> der Skizze mit 1 mm Stärke **C** und 40° Verjüngung **D**.

3 Runden Sie am Außenelement die:
- schrägen Außenkanten mit 0,5 mm **E** und benennen Sie die Rundung <Rundung-Außenkanten> **F** durch Doppelklick auf bisherigen Namen

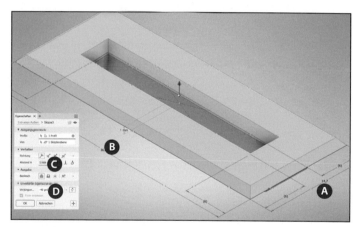

Außenelement konstruieren – Skizze und Extrusion

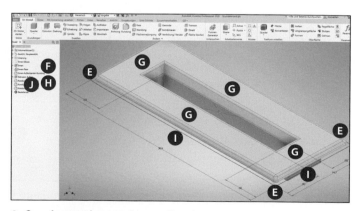

Außenelement konstruieren – Runden

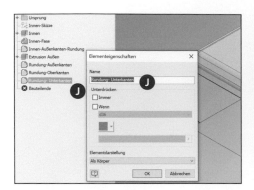

Rundungen umbenennen

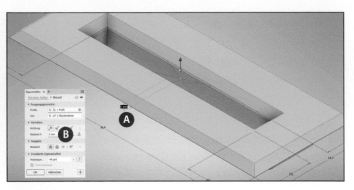

Grundelement

oder durch Klick mit **rechter Maus-taste – <Eigenschaften>**

- Oberkanten mit **0,5 mm G** und benennen Sie die Rundung **<Rundung-Oberkanten> H**
- Unterkanten mit **0,3 mm I** und benennen Sie die Rundung **<Rundung-Unterkanten> J**

4 Benennen Sie alle Zeichnungselemente mit sinnvollen selbsterklärenden Namen.

5 Speichern Sie das Bauteil unter dem Dateinamen **<Grundelement>**.

Erste Variante erstellen – Runden

Vergrößerung der Rundungen

1 Speichern Sie die Datei **<Grundele-ment>** als Kopie mit dem Dateinamen **<Variante_1>**.

2 Ändern Sie durch Doppelklick auf das Außenteil im Browser die Extrusionsstär-ke **A** des Außenteils auf **2 mm**.

3 Ändern Sie auf gleichem Weg die Run-dung der Oberkanten auf den Radius **2,5 mm B**.

4 Speichern Sie unter **<Variante_1>**.

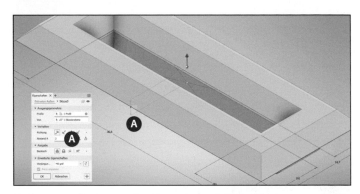

Variante 1 – Änderung der Extrusionsstärke auf 2 mm

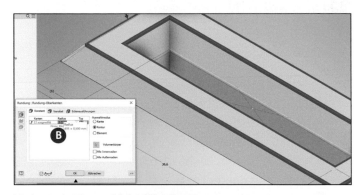

Variante 1 – Auswahl der Oberkanten

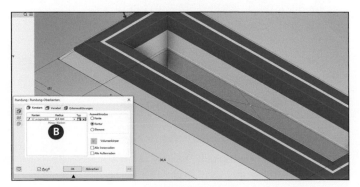

Variante 1 – Änderung des Radius Oberkanten auf 2,5 mm

Weitere Varianten bilden

Erstellen Sie weitere Varianten, indem Sie die Form, die Höhe, die Fasen bzw. Verjüngungen sowie die Radien variieren. Beachten Sie dabei immer die Ergonomie in Bezug auf die Einsteck-, Auswurf- und Entnahmesituation der SD-Karte sowie die Produkt- und Formensprache.

Varianten analysieren

Analysieren Sie Ihre Varianten in Bezug auf Bedienung, Produkt- und Formensprache.

Grundelement

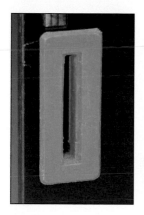 

Erste Variante – Runden

 Vorteile

- Funktioniert – die Führung der SD-Karte verhindert Fehlbedienung.
- Formensprache passt zur Formgebung des 3D-Druckers, könnte ggf. aber kantiger ausgeprägt sein.
- Ausgefranste Kante ist verdeckt.

 Nachteile

- Beliebiger Schlitz, dessen Produktsprache nichts über Funktion oder Bedienweise aussagt.
- SD-Karte muss beim Einlegen und Entnehmen (Ausrasten) kräftig gedrückt werden, da außenliegende Deckfläche fast zu dick.
- Schlitz könnte zur besseren Führung stärker angefast oder abgerundet sein.

 Vorteile

- Funktioniert – die Führung der SD-Karte verhindert Fehlbedienung.
- Starke Rundung zum Schlitz hin erleichtert das Einführen der SD-Karte.
- Ausgefranste Kante ist verdeckt.

 Nachteile

- Beliebiger Schlitz, dessen Produktsprache wenig über Funktion oder Bedienweise aussagt.
- Abgerundete Formensprache passt nicht zur kantigen Formgebung des 3D-Druckers.

Weitere Variante – konische Extrusion mit zylindrischer Griffmulde

 Vorteile

- Funktioniert – die Führung der SD-Karte verhindert Fehlbedienung.
- Lange konische Führung erleichtert das Einführen der SD-Karte.
- Bei kantiger Formgebung der Variante unterstützt zylindrische Griffmulde die Produktsprache „Drücken" und „Greifen" der SD-Karte.
- Ausgefranste Kante ist verdeckt.

 Nachteile

- Trotz Kompromiss zwischen Stabilität und Bedienung bezüglich dünnster Stelle an der Griffmulde muss die SD-Karte beim Einlegen und Entnehmen (Ausrasten) kräftig gedrückt werden.
- Ragt deutlich über das Druckergehäuse.

Weitere Variante – konische Extrusion mit kugelförmiger Griffmulde

 Vorteile

- Funktioniert – die Führung der SD-Karte verhindert Fehlbedienung.
- Lange konische Führung erleichtert das Einführen der SD-Karte.
- Bei kantiger Formgebung der Variante unterstützt kugelförmige Griffmulde die Produktsprache „Drücken" und „Greifen" der SD-Karte.
- Ausgefranste Kante ist verdeckt.

 Nachteile

- Ragt deutlich über das Druckergehäuse.

Weitere Variante – zwei Pyramidenstümpfe
(siehe auch weitere Abbildung auf Seite 44)

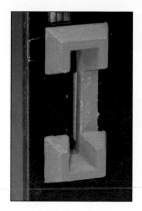 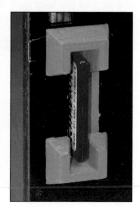

 Vorteile

- Funktioniert – die Führung der SD-Karte verhindert Fehlbedienung.
- Lange konische Führung erleichtert das Einführen der SD-Karte.
- Kantige Formgebung des 3D-Druckers wird konsequent beibehalten.
- Lücke zwischen den beiden Pyramidenstümpfen unterstützt sowohl erleichterte Bedienung als auch die Produktsprache „Drücken und Greifen der SD-Karte".

 Nachteile

- Asymmetrie – die zwei Pyramidenstümpfe werden nur über das Innenteil miteinander verbunden, daher formal nicht ausgeglichen, geringere Stabilität.
- Ragt deutlich über das Druckergehäuse.
- Ausgefranste Kante ist nicht komplett verdeckt.

 Fazit – Testsieger
Variante – zwei Pyramidenstümpfe

- Funktion und Ergonomie sind sehr gut.
- Bedienung ist eindeutig (Produktsprache).
- Kantige Formensprache passt zum 3D-Drucker.

Weitere Variante – zwei Halbkugeln

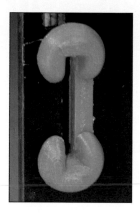 

 Vorteile

- Funktioniert – die Führung der SD-Karte verhindert Fehlbedienung.
- Konische Führung erleichtert das Einführen der SD-Karte.
- Lücke zwischen den beiden Halbkugeln erleichtert Bedienung.

 Nachteile

- Produktsprache ist nicht eindeutig, da der Konus des Einschubbereichs weniger gut erkennbar ist.
- Kantige Formgebung des 3D-Druckers wird nicht beibehalten.
- Asymmetrie – die zwei Halbkugeln werden nur durch das Innenteil miteinander verbunden, daher formal nicht ausgeglichen, geringere Stabilität.
- Ragt deutlich über das Druckergehäuse.
- Ausgefranste Kante ist nicht verdeckt.

Varianten – Umsetzung CAD

Briefing

Szenario – Dekosäule I

Eine berufliche Schule benötigt zur Ausschmückung bei Feiern und Ausstellungen vier Dekosäulen.

Diese sollen als Ausschmückungsgegenstand und als Träger für zum Beispiel Blumenschmuck oder Adventskranz dienen. Einsatz ist bei entsprechenden Feierlichkeiten wie Verabschiedungen, Zeugnisübergaben, Weihnachtsfeiern, beim Tag der offenen Tür oder bei internen oder externen (Aus-)Bildungsmessen.

In diesem Projekt entwerfen Sie Dekosäulen, die aus geschichteten Holzplatten hergestellt werden sollen.

Technische Angaben

Abgrenzung

Die Dekosäule soll flexibel und einfach einsetzbar sein. Eine Multifunktion zum Beispiel als Stehtisch oder Rednerpult ist nicht verlangt. Beleuchtung (zum Beispiel mit LEDs) und weitere elektrische oder elektronische Baugruppen (zum Beispiel Mikrofon) sind nicht erwünscht.

Zielgruppen und Anforderungen

Im Schulalltag haben unterschiedliche Personenkreise mit den Dekosäulen zu tun.
- Beschreiben Sie diese Zielgruppen.
- Nennen Sie deren Anforderungen an die Dekosäulen.
- Fassen Sie die Anforderungen in einer Mindmap zusammen.

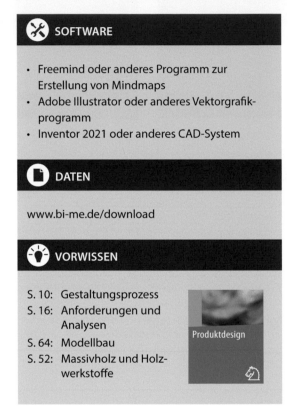

SOFTWARE

- Freemind oder anderes Programm zur Erstellung von Mindmaps
- Adobe Illustrator oder anderes Vektorgrafikprogramm
- Inventor 2021 oder anderes CAD-System

DATEN

www.bi-me.de/download

VORWISSEN

S. 10: Gestaltungsprozess
S. 16: Anforderungen und Analysen
S. 64: Modellbau
S. 52: Massivholz und Holzwerkstoffe

Produktdesign

Aufbau der Dekosäulen

Die Dekosäulen sollen aus geschichteten Platten hergestellt werden:

- Massivholz oder Holzwerkstoffe
- horizontal angeordnet (liegend)
- Gesamthöhe 800 mm

Modelle und technische Zeichnung

Das Projektergebnis umfasst:

- Skizzen und schattierte bzw. colorierte Zeichnungen sowie begleitende Texte (Begründungen)
- Vormodelle aus zum Beispiel Papier, Karton, Holz
- Vorführmodell – Mockup
  - im Maßstab 1:10
  - Schichten ausgesägt, CNC-gefräst oder lasergeschnitten
- Visualisierung der Werkstoffe und Oberflächen (Farbcodierung und Werkstoffproben) des späteren Originals
- notwendige Fertigungsunterlagen wie zum Beispiel technische Zeichnungen

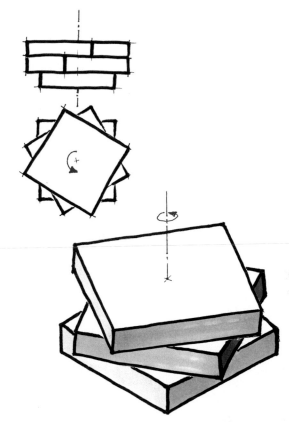

Erste Gedanken und Ideen

Planung

Konzeption

- Zielgruppen beschreiben
- Anforderungen der Zielgruppen nennen
- als Grundlage für Pflichtenheft Anforderungen sammeln (Mindmap)
- erste Ideen entwickeln

Entwurf

- Ideen auswählen
- Entwürfe ausarbeiten
- Vormodelle bauen und realisieren
- Entwurf optimieren und Varianten bilden

CAD-Konstruktion

- Datei/Projekt anlegen
- Bauteile (Schichten) konstruieren
- Daten exportieren oder über Druckertreiber des Laserschneiders übertragen

Laserschneiden und Modellbau

- Hinweise zum Laserschneiden finden Sie im nachfolgenden Kapitel „Modellbau – Laserschneiden"
- andere Bauteile konventionell herstellen (sägen, feilen, bohren, schmirgeln u.a.)
- Bauteile montieren

Durchführung

Projekt konzipieren

Zielgruppen und deren Anforderungen beschreiben

Im Schulalltag kommen unterschiedliche Zielgruppen mit den Dekosäulen in Kontakt.

1 Nennen Sie mögliche Zielgruppen.

2 Beschreiben Sie diese Zielgruppen.

3 Nennen Sie die Anforderungen, die diese Zielgruppen an Dekosäulen haben.

Exemplarische Liste von möglichen Zielgruppen

- Schulleitung
- Lehrerinnen und Lehrer
- Schülerinnen und Schüler
- Hausdienst (Hausmeister/in)
- Eltern
- Gäste der Schule (Interessierte, Ausbildende, Schulträger …)

Exemplarische Nennung von Anforderungen der Zielgruppe: Schulleitung

Muss-Kriterien:
- die Schule positiv darstellen
- sicherer Stand
- keine Verletzungsgefahr

Soll-Kriterien:
- gut zu transportieren (schulintern und zu externen Veranstaltungen…)
- soll dem Corporate Design der Schule entsprechen (Farbkonzept, Logo …)

Kann-Kriterien:
- gutes Preis-Leistungs-Verhältnis

Anforderungen als Mindmap erstellen

1 Öffnen Sie Ihr Mindmapping-Programm und erzeugen Sie eine neue leere Datei.

2 Geben Sie als Titel der Mindmap `<Anforderungen an Dekosäulen>` ein **A**.

3 Legen Sie den ersten Hauptast an und benennen Sie ihn `<Sicherheit>` **B**.

4 Fügen Sie Unteräste mit den von Ihnen gefundenen Sicherheitsaspekten an **C**.

5 Erstellen Sie weitere Haupt- und Unteräste **D**.

6 Speichern Sie Ihre Datei unter dem Dateinamen `<Anforderungen an Dekosaeulen>` ab.

Erste Ideen entwickeln

1 Skizzieren Sie Ihre ersten Ideen und Gedanken.

2 Ergänzen Sie Ihre Skizzen mit beschreibenden oder technischen Angaben.

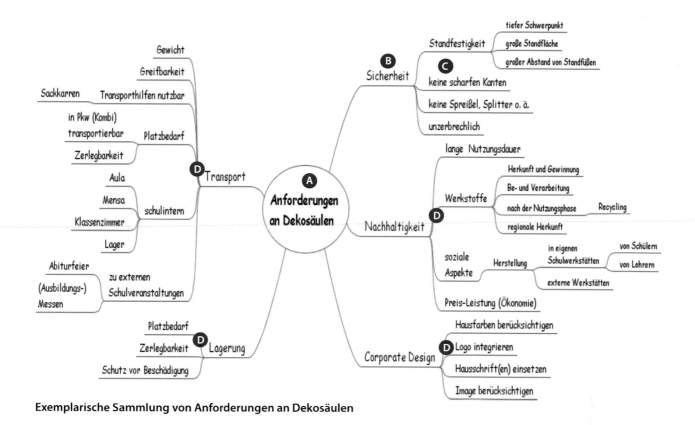

Exemplarische Sammlung von Anforderungen an Dekosäulen

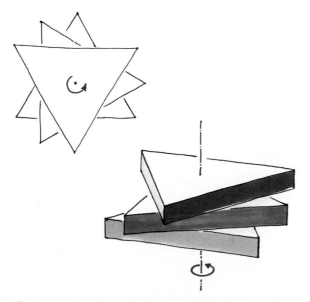

Ideensammlung für Dekosäulen aus Platten geschichtet

Entwürfe erstellen

Ideen auswählen

Analysieren Sie Ihre Ideen aus der Konzeptionsphase und wählen Sie eine vielversprechende Idee aus.

Entwurf ausarbeiten

1 Entwickeln Sie die ausgewählte Idee zeichnerisch weiter. Ergänzen Sie Ihre Skizzen mit erklärenden Kommentaren.

2 Übertragen Sie (Detail-)Lösungen anderer, in Ihrer Analyse positiv bewerteter Ideen auf Ihre ausgewählte Idee.

Vormodelle bauen

Visualisieren Sie Ihre Ideen mit kleinen Vormodellen (Maßstab ca. 1:10) aus Papier, Karton, Holz u. a.
Analysieren Sie anhand des Vormodells die Wirkung und Funktion Ihrer Dekosäule.

Überlegungen:
Da in diesem Projekt für jede Dekosäule viele geschichteten Platten benötigt werden, fällt die Entscheidung auf die Technik des Laserschneidens. Als Werkstoff bietet sich Pappe, Wellpappe, Pappelsperrholz oder opakes Acrylglas an. Die Schichten können lasergeschnitten und einfach zusammengeklebt werden.
   Um die zentrische Ausrichtung zu erleichtern, wird in der Mitte der Platte eine Bohrung für einen Führungsstab, wie zum Beispiel ein Rundholz, ein Schaschlikspieß oder ein Kunststoffrundstab, vorgesehen.

Vormodell realisieren

Eine detaillierte Beschreibung zur Herstellung der Vormodelle finden Sie im Kapitel „Modellbau – Laserschneiden".

Varianten bilden und Entwurf optimieren

1 Erstellen Sie Varianten Ihres Entwurfs. Variieren Sie dabei die Grundform der Schichten, die Anordnung der Schichten und die Proportionen (zum Beispiel Stärke der Schichten).

2 Dokumentieren Sie Ihre Varianten fotografisch.

3 Suchen Sie Schwachstellen Ihrer Lösungen. Finden Sie Lösungen und Verbesserungen. Optimieren Sie Ihre Entwürfe zeichnerisch oder durch weitere Vormodelle.

Lösungsmöglichkeiten

Lösungen zu Variantenbildung und zu Optimierungen finden Sie auf den Folgeseiten.
   Diese Vormodelle sind entweder aus Wellpappe oder aus Acrylglas lasergeschnitten. Die Realisation der Dekosäulen kann später erfolgen:
• mit gewichtssparenden Wabeneinlagen, Röhrenspanstegen, Röhrenspanplatten
• hohl montiert aus dünnen gewichtssparenden Schichtholzplatten
• aus Massivholz

Ferner könnten zur Gewichtsersparnis Innenbereiche entfernt werden, die von außen nicht sichtbar sind (entkernen).

Variante 1: Quadrate aus Wellpappe jeweils 45° verdreht

Aufbau:
Stapelung der aus Wellpappe ausgelaserten Quadrate mit einer Verdrehung von 45° von Schicht zu Schicht. Drehachse im Vormodell ist ein Rundstab.

Wirkung:
Die Verdrehung ruft ein interessantes Schattenspiel hervor. Die Ecken der quadratischen Schichten sind betont.

Schwachstellen und mögliche Optimierungen:
Das später realisierte Produkt würde durch die massive Bauweise durch Schichtung kompletter quadratischer Flächen viel zu schwer werden. Bei der Ausarbeitung sollten diese in geeigneter Weise entkernt werden.
Die Dekosäule könnte durch die Überstände umkippen. Bei der Optimierung könnte eine größere Bodenplatte in Betracht gezogen werden.
Die Ecken sind durch ihren stumpferen 90°-Winkel weniger ausgeprägt. Die Verdrehung um 45° bringt mehr Bewegung und Schattenspiel.

Variante 2: Quadrate aus Wellpappe 180°-Drehung

Variante 3: Dreiecke aus Wellpappe ca. 120° verdreht

Aufbau:
Stapelung der aus Wellpappe ausgelaserten Quadrate mit einer Verdrehung von 180° von der untersten zu der obersten Platte.
Drehachse im Vormodell ist ein Rundstab.

Wirkung.
Im Vergleich zur Variante 1 ruft die Verdrehung ein anderes Schattenspiel hervor. Die Dekosäule wirkt durch den entstehenden Verlauf und Schwung bewegter und fließender.

Schwachstellen und mögliche Optimierungen:
Vgl. Variante 1

Aufbau:
Stapelung der aus Wellpappe ausgelaserten gleichseitigen Dreiecke mit einer Verdrehung von 120° von der untersten zu der obersten Platte.
Drehachse im Vormodell ist ein Rundstab.

Wirkung:
Im Vergleich zur Variante 2 ruft bereits eine geringe Verdrehung ein interessantes Schattenspiel und eine daraus resultierende Eleganz hervor.
Durch die nach der Drehung um 120° wieder gleich ausgerichtete dreieckige Grund- und Deckfläche wirkt die Dekosäule ungewöhnlich.

Schwachstellen und mögliche Optimierungen:
Das später realisierte Produkt würde durch die massive Bauweise durch Schichtung kompletter Dreiecksflächen viel zu schwer werden. Bei der Ausarbeitung sollten die Dreiecksflächen in geeigneter Weise entkernt werden.

Die Dekosäule könnte durch die Überstände leicht umkippen. Bei der Ausarbeitung und Optimierung muss eine größere oder schwere Bodenplatte in Betracht gezogen werden.

Die Nutzfläche der oberen Platte ist nicht groß. Diese könnte bei der Ausarbeitung und Optimierung größer werden.

Die Ecken sind im Vergleich zu den Dekosäulen mit quadratischen Flächen spitzer und somit die Verletzungsgefahr höher. Bei der Realisation müssen die Ecken abgerundet werden.

Variante 4: Dreiecke aus Acrylglas unverdreht

Variante 5: Dreiecke aus Acrylglas jeweils um 60° verdreht

Variante 6: Dreiecke aus Acrylglas leicht verdreht

Aufbau:
Stapelung der aus Acrylglas ausgelaserten gleichseitigen Dreiecke ohne Verdrehung.
Durch die Kompaktheit entstehen weniger Spitzen und Kanten, daher geringere Verletzungsgefahr. Keine Überhänge, daher höhere Standsicherheit.

Wirkung:
Im Vergleich zu den anderen Ideen unspektakulär.

Schwachstellen und mögliche Optimierungen:
Vgl. Variante 3
Die Idee und das gestalterische Potenzial des Schichtens ist nicht genutzt.

Aufbau:
Stapelung der aus Acrylglas ausgelaserten gleichseitigen Dreiecke mit einer Verdrehung um 60° von Schicht zu Schicht.
Drehachse im Vormodell ist ein Rundstab.

Wirkung:
Die Verdrehung ruft ein Schattenspiel hervor. Die Spitzen der Dreiecke sind betont.

Schwachstellen und mögliche Optimierungen:
Vgl. Variante 3
Durch die geringe Überlappung der Flächen fällt die Gewichtsersparnis durch Entkernen deutlich geringer aus.

Aufbau:
Stapelung der aus Acrylglas ausgelaserten gleichseitigen Dreiecke mit einer leichten Verdrehung von der untersten zu der obersten Platte.
Drehachse im Vormodell ist ein Rundstab aus Kunststoff.
Durch die geringe Drehung stehen die Ecken der Dreiecke kaum hervor. Es entsteht eher ein gedrehter Grat.

Wirkung:
Im Vergleich zu den Varianten aus Wellpappe lässt sich der Kantenverlauf und das Spiel von Licht und Schatten besser erkennen. Die geringe Verdrehung ruft ein interessantes Schattenspiel und eine daraus resultierende Eleganz hervor.
Durch die Betonung der dreieckigen Grund- und Deckfläche wirkt die Dekosäule ungewöhnlicher als die mit quadratischen Flächen.

Schwachstellen und mögliche Optimierungen:
Vgl. Variante 3

Variante 7: Dreiecke aus Acrylglas 120° verdreht

Variante 8: Dreiecke aus Acrylglas stark verdreht

Variante 9: Dreiecke aus Acrylglas ca. 75° verdreht und zurück

Aufbau:
Stapelung der aus Acrylglas ausgelaserten gleichseitigen Dreiecke mit einer Verdrehung um 120° von der untersten zu der obersten Platte.
Drehachse im Vormodell ist ein Rundstab aus Kunststoff.

Wirkung:
Im Vergleich mit Variante 6 verstärkt sich das Schattenspiel.
Durch die Betonung der dreieckigen Grund- und Deckfläche wirkt die Dekosäule ungewöhnlicher als die mit quadratischen Flächen.

Schwachstellen und mögliche Optimierungen:
Vgl. Variante 3

Aufbau:
Stapelung der aus Acrylglas ausgelaserten gleichseitigen Dreiecke mit einer starken Verdrehung um mehr als 120° von der untersten zu der obersten Platte.
Drehachse im Vormodell ist ein Rundstab aus Kunststoff.
Die Spitzen der Dreiecke treten deutlicher hervor.

Wirkung:
Im Vergleich zu den vorausgegangenen Varianten der Dekosäule – Dreiecke aus Acrylglas ruft diese Version noch tiefere Schattenwirkung hervor. Durch Verjüngungen, die sich durch die Verdrehung ergeben, wirkt die Dekosäule instabiler.
Durch die dreieckige Grund- und Deckfläche und die starke Verdrehung sieht die Dekosäule ungewöhnlich aus.

Schwachstellen und mögliche Optimierungen:
Vgl. Variante 3
Durch die starke Verdrehung und die Überhänge wirkt die Dekosäule nicht mehr so standsicher.

Aufbau:
Stapelung der aus Acrylglas ausgelaserten gleichseitigen Dreiecke mit einer leichten Verdrehung um ca. 75° von der untersten zu der mittleren Platte und wieder zurück von der mittleren bis zur obersten Platte. Die Spitzen der Dreiecke treten ebenfalls deutlicher hervor.

Wirkung:
Im Vergleich zu den anderen Varianten dieser Doppelseite ist diese Säule durch den Richtungswechsel lebhafter und das Schattenspiel unruhiger. Durch Verjüngungen, die sich durch die Hin- und Herdrehung ergeben, wirkt die Dekosäule instabiler.
Durch die dreieckige Grund- und Deckfläche, den Richtungswechsel der Verdrehung und die Schattenwirkung sieht die Dekosäule ungewöhnlich aus.

Schwachstellen und mögliche Optimierungen:
Vgl. Variante 3
Durch die starke Verdrehung und die Überhänge wirkt die Dekosäule nicht mehr so standsicher.

Variante 10: Dreiecke aus Acrylglas doppelte Stärke

Variante 11: Dreiecke aus Acrylglas dreifache Stärke

Variante 12: Dreiecke aus Acrylglas von dick nach dünn

Aufbau:
Stapelung der aus Acrylglas ausgelaserten gleichseitigen Dreiecke als Doppelpack. Diese sind dann immer um 30° verdreht.
Drehachse im Vormodell ist ein Rundstab aus Kunststoff.
Die Spitzen der Dreiecke treten ebenfalls deutlicher hervor.

Wirkung:
Im Vergleich zur Variante 5 wirkt diese Variante weniger kompakt und aufgelöster, fast schon unruhig.

Schwachstellen und mögliche Optimierungen:
Vgl. Variante 3
Durch die starken Verjüngungen und die Überhänge wirkt die Dekosäule nicht mehr so standsicher.

Aufbau:
Stapelung der aus Acrylglas ausgelaserten gleichseitigen Dreiecke als Dreierpack. Diese sind dann immer um 60° verdreht.
Drehachse im Vormodell ist ein Rundstab aus Kunststoff.
Die Spitzen der Dreiecke treten noch stärker als bei Variante 10 hervor.

Wirkung:
Im Vergleich zur Variante 5 wirkt diese Variante trotz der dreifachen Schichtstärke luftiger.
Im Vergleich zu Variante 10 wirkt dieser Lösung durch ihre Klarheit fast schon langweilig.

Schwachstellen und mögliche Optimierungen:
Vgl. Variante 3
Durch die geringe Überlappung der Flächen fällt die Gewichtsersparnis durch Entkernen deutlich geringer aus. Die Stärke der Schichten ermöglicht aber eine Fertigung als Hohlkörper.

Aufbau:
Stapelung der aus Acrylglas ausgelaserten gleichseitigen Dreiecke. Diese sind von unten nach oben in folgender Schichtstärke 5-5-4-4-3-3-2-2-1-1 mit jeweils um 60° pro Schichtpaket verdreht.
Drehachse im Vormodell ist ein Rundstab aus Kunststoff.
Die Spitzen der Dreiecke treten ebenfalls stark hervor.

Wirkung:
Im Vergleich zu den anderen Varianten mit einer Drehung von 60° wirkt diese Variante durch die unterschiedlichen Schichtstärken interessanter.

Schwachstellen und mögliche Optimierungen:
Vgl. Variante 3
Durch die geringe Überlappung der Flächen fällt die Gewichtsersparnis durch Entkernen deutlich geringer aus. Die Stärke der unteren und mittleren Schichten ermöglicht aber eine Fertigung als Hohlkörper.

Variante 13: Dreiecke aus Acrylglas von dick nach dünn

Variante 14: Dreiecke aus Acrylglas von dünn nach dick

Variante 15: Dreiecke aus Acrylglas Stärke alternierend

Aufbau:
Stapelung der aus Acrylglas ausgelaserten gleichseitigen Dreiecke. Diese sind von unten nach oben in folgender Schichtstärke 5-5-4-4-3-3-2-2-1-1 mit jeweils um 30° pro Schichtpaket verdreht. Drehachse im Vormodell ist ein Rundstab aus Kunststoff.

Wirkung:
Im Vergleich zur Variante 12 mit gleichen Schichthöhen wirkt diese Variante deutlich unruhiger. Der regelhafte Aufbau ist auf den ersten Blick kaum noch zu erkennen.

Schwachstellen und mögliche Optimierungen:
Vgl. Variante 3
Zur Gewichtsersparnis können die unteren und mittleren Schichten als Hohlkörper gefertigt werden.

Aufbau:
Stapelung der aus Acrylglas ausgelaserten gleichseitigen Dreiecke. Diese sind von unten nach oben in folgender Schichtstärke 1-1-2-2-3-3-4-4-5-5 mit jeweils um 30° pro Schichtpaket verdreht. Drehachse im Vormodell ist ein Rundstab aus Kunststoff.

Wirkung:
Diese Variante ist die auf den Kopf gestellte Variante 13. Sie wirkt aber verschoben und zufälliger. Der regelhafte Aufbau ist auf den ersten Blick nicht zu erkennen. Durch die oberen hohen Ebenen wirkt die Dekosäule instabiler.

Schwachstellen und mögliche Optimierungen:
Vgl. Variante 3
Zur Gewichtsersparnis können die mittleren und oberen Schichten als Hohlkörper gefertigt werden.

Aufbau:
Stapelung der aus Acrylglas ausgelaserten gleichseitigen Dreiecke. Diese sind von unten nach oben in folgender Schichtstärke 1-2-2-3-3-2-2-1-1-2-2-3-3-2-2-1-1 mit jeweils um 30° pro Schichtpaket verdreht. Drehachse im Vormodell ist ein Rundstab aus Kunststoff.

Wirkung:
Im Vergleich zu den anderen Varianten wirkt diese Variante deutlich unruhiger. Der regelhafte Aufbau ist auf den ersten Blick nicht zu erkennen. Die Anordnung der Schichten und deren Stärke wirkt zufällig.

Schwachstellen und mögliche Optimierungen:
Vgl. Variante 3
Zur Gewichtsersparnis können die dickeren Schichten als Hohlkörper gefertigt werden.

CAD-Konstruktion

Ausgewählt wird: Variante 8 stark verdreht

Datei/Projekt anlegen

1 Öffnen Sie Ihr CAD-System und erstellen Sie ein neues Projekt mit dem Namen `<Dekosaeule_I>`.

2 Erstellen Sie ein Bauteil mit dem Dateinamen `<Dreieck_1>`.

Bauteile (Schichten) konstruieren

1 Gehen Sie in den 2D-Skizziermodus. Wählen Sie die XZ-Ebene. Zeichnen Sie im Ursprung des Achsenkreuzes mit der Funktion `<Polygon>` ein gleichseitiges Dreieck **A**.

2 Bemaßen Sie eine Kante mit `400 mm` **B**.

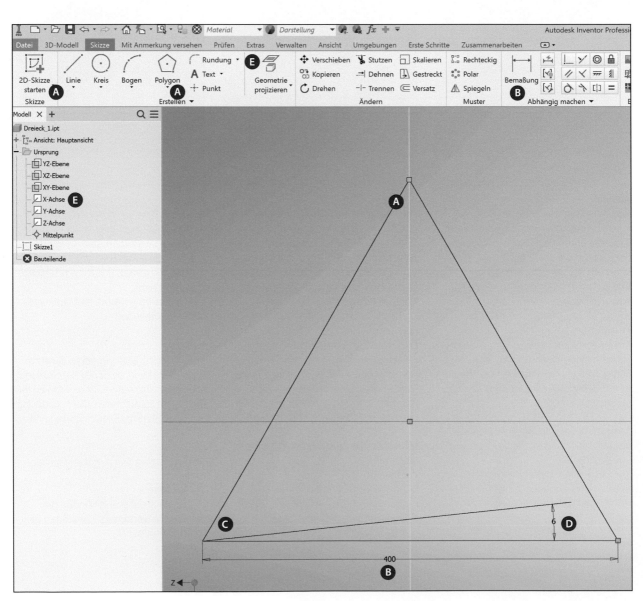

2D-Skizze – erste Schritte

3 Ziehen Sie von der unteren linken Ecke eine Linie **C**. Gehen Sie fast bis zur gegenüberliegenden Seite des Dreiecks.

4 Bemaßen Sie den Winkel zwischen dieser Linie und der Dreieckseite mit 6° **D**.

5 Projizieren Sie die X-Achse mit dem Befehl `<Geometrie projizieren>` und Klick auf die `X-Achse` im Browser **E**.

6 Spiegeln Sie die Linie **C** an der X-Achse.

7 Runden Sie die beiden Linien mit einem Radius von 10 mm **F**.

8 Erstellen Sie mit den beiden Linien und der Rundung eine `<Polare Anordnung>` mit drei Elementen auf 360° **G**.

9 Extrudieren Sie die skizzierte Fläche zu einem 3D-Körper mit einer Höhe von 25 mm **H**.

10 Benennen Sie die Extrusion `<Dreieck>` **I**.

11 Runden Sie die drei senkrechten Außenkanten mit einem Radius von 5 mm und benennen Sie diese Rundung. `<Rundung-außen>` **J**.

12 Runden Sie die drei senkrechten Innenkanten mit einem Radius von 4 mm und benennen Sie diese Rundung `<Rundung-innen>` **K**.

13 Ordnen Sie dem Bauteil aus der Materialbibilothek `<Weißeiche - natur - mittlerer Glanz>` **L** zu.

14 Speichern Sie Ihr Bauteil ab.

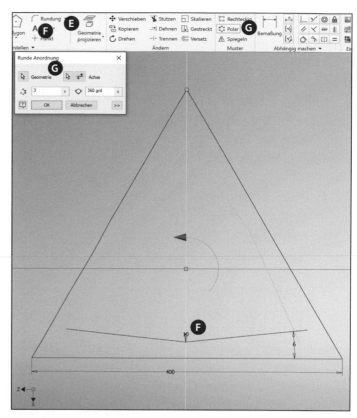

2D-Skizze – Spiegelung

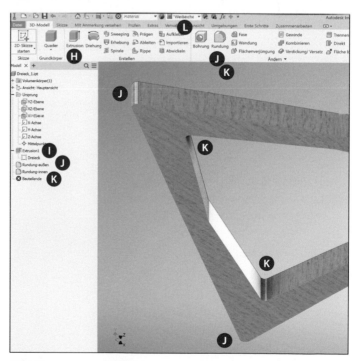

2D-Skizze – erste Schritte

Sacklöcher konstruieren

Um die Montage der Schichten zu erleichtern, werden unten in die Platten drei Sacklöcher gefräst, in die Holzdübel eingeklebt werden. Durch diese ist beim Zusammenbau die Positionierung in allen Richtungen definiert.

1 Erstellen Sie eine neue Skizze auf der Unterseite der Extrusion **A**.

2 Ziehen Sie von einem Mittelpunkt der `<Rundung-innen>` eine Linie **B** zum Ursprung des Achsenkreuzes.

3 Erstellen Sie mit dieser Linie um den Ursprung des Achsenkreuzes eine polare Anordnung **C** mit 2 Elementen auf **6°**.

4 Am Ende der Linie zeichnen Sie einen Kreis mit **8 mm** Durchmesser **D**.

5 Erstellen Sie mit diesem Kreis um den Ursprung des Achsenkreuzes eine `<polare Anordnung>` **E** mit 3 Elementen und **360°**.

6 Mit dem Befehl `<Extrusion>` schneiden Sie die drei Kreisflächen mit einer Tiefe von **10 mm** **F** aus und benennen Sie diese Extrusion `<Sackloecher>`.

7 Speichern Sie Ihre Datei ab.

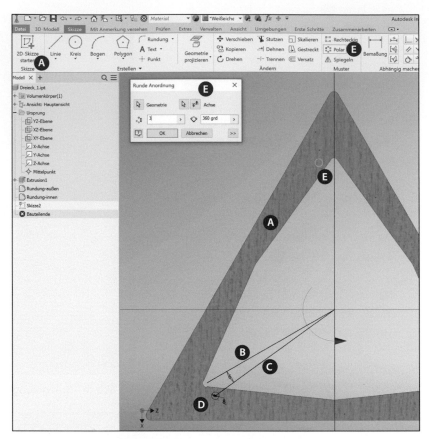

2D-Skizze – Position Holzdübel

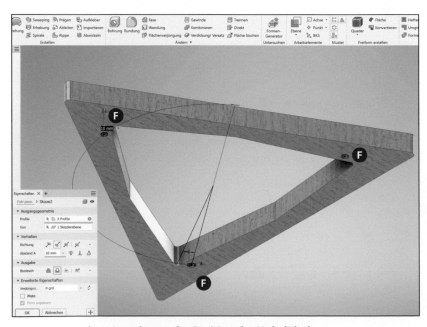

2D-Skizze – polare Anordnung der Position der Holzdübel

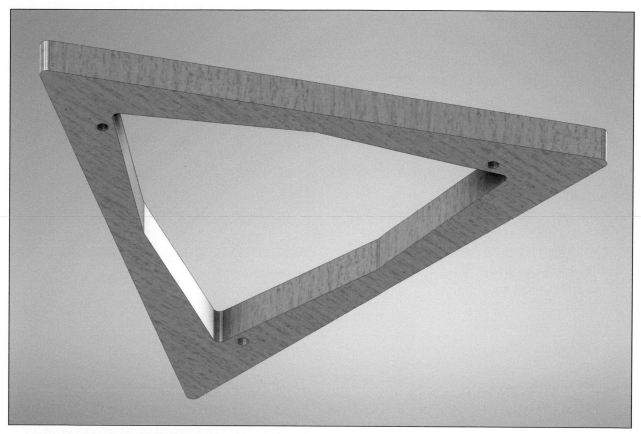

Extrusion: Ausschneiden erzeugt Sacklöcher für Holzdübel

Holzdübel konstruieren

1 Erstellen Sie ein Bauteil mit dem Dateinamen
`<Duebel>`.

2 Konstruieren Sie einen Zylinder mit **8 mm**
Durchmesser und **20 mm** Länge.

3 Fasen Sie die Kanten mit **1 mm** zum Mittelpunkt
und **3 mm** Richtung Längsachse.

4 Ordnen Sie dem Bauteil aus der Materialbibliothek
`<Weißeiche - natur - mittlerer Glanz>`
zu.

5 Speichern Sie Ihr Bauteil ab.

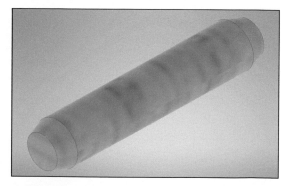

Holzdübel

Baugruppe erstellen

Um nicht für jede Ebene der Dekosäule die Dreiecke und die Holzdübel neu zusammenfügen zu müssen, werden diese in einer Baugruppe zusammengeführt.

1 Erstellen Sie eine Baugruppe mit dem Dateinamen `<Dreieck_mit_Duebel>`.

2 Nutzen Sie im Menü `<Zusammenfügen>` **A** den Befehl `<Platzieren>` **B**, um eine Platte `<Dreieck_1>` **C** durch den Button `<Öffnen>` einzufügen.

3 Platzieren Sie die drei `<Duebel>`.

4 Nutzen Sie im Menü `<Zusammenfügen>` den Befehl `<Abhängig machen>` **D** mit der Option `<Einfügen>` **E**, um einen Holzdübel in ein Sackloch einzufügen. Wählen Sie dazu eine Endfläche des Holzdübels **F** und dann den Boden des Sacklochs **G**. Bestätigen Sie mit `<Anwenden>` **H**.

5 Wiederholen Sie den Schritt **4** für die beiden anderen Holzdübel.

6 Speichern Sie Ihre Datei ab.

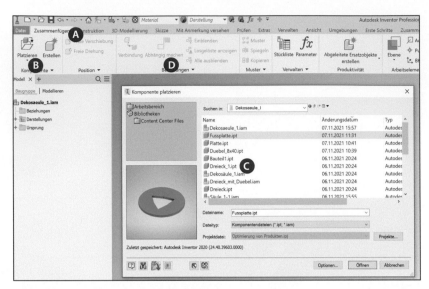

Bodenplatte in Baugruppe auswählen

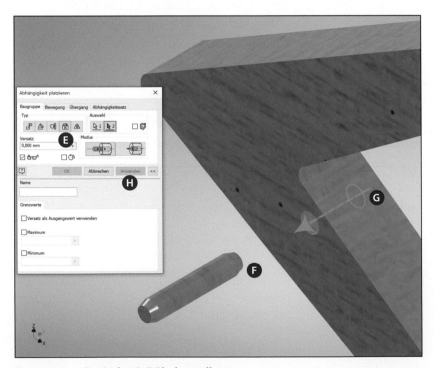

Baugruppe – Dreieck mit Dübel erstellen

HINWEIS –
Autodesk Inventor

Alternativ und in vielen Fällen einfacher geht das <Abhängig machen> wie folgt:

Halten Sie die Taste ⌐ALT⌐ gedrückt, während Sie einen Holzdübel an einem Ende mit der linken Maustaste anklicken. Halten Sie diese gedrückt, fahren Sie mit dem Mauszeiger an das gewünschte Sackloch und dort dann an den Boden des Sacklochs. Der Holzdübel folgt Ihrer Mausbewegung, die Abhängigkeit wird automatisch definiert.

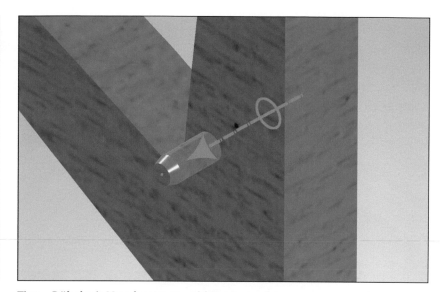

Tipp – Dübel mit Mausbewegung abhängig machen

Bei gedrückter ⌐ALT⌐-Taste mit Maus anklicken, halten und positionieren

Baugruppe „Dreieck mit Dübel" – Abhängigkeiten definiert

Fuss- und Deckplatte erstellen

Erstellen Sie die cyan-farbene Boden- und Deck-platte laut den technischen Zeichnungen. Sie können diese auf gleichem Weg wie die Dreiecks-platten erstellen oder Sie verwenden die Datei `<Dreieck_1>` und modifizieren diese. Dabei gehen Sie wie folgt vor:

1 Speichern Sie die Datei `<Dreieck_1>` unter dem Dateinamen `<Fussplatte>`.

2 Ergänzen bzw. löschen Sie die Zeichnungstei-le, welche Sie nicht mehr benötigen. Passen Sie die Extrusionen an.

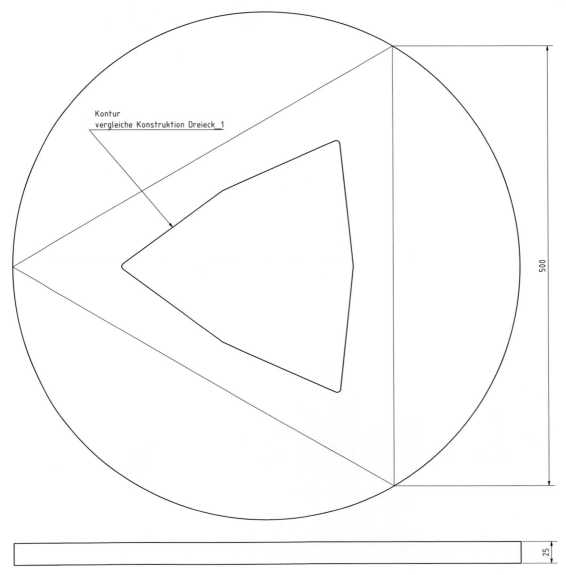

Kontur
vergleiche Konstruktion Dreieck_1

500

25

Fußplatte – technische Zeichnung

3 Ordnen Sie <cyan> zu.

4 Speichern Sie Ihre Datei ab.

5 Wiederholen Sie die Schritte **1** bis **4** für die <Deckplatte>.

HINWEIS

Mit dem Löschen von Zeichnungselementen müssen Sie vorsichtig sein, vor allem wenn Abhängigkeiten bestehen. Oft ist es am einfachsten Elemente dazuzuzeichnen und dann die Extrusion durch Doppelklick zu öffnen und durch die Auswahl weiterer Bereiche zu erweitern.

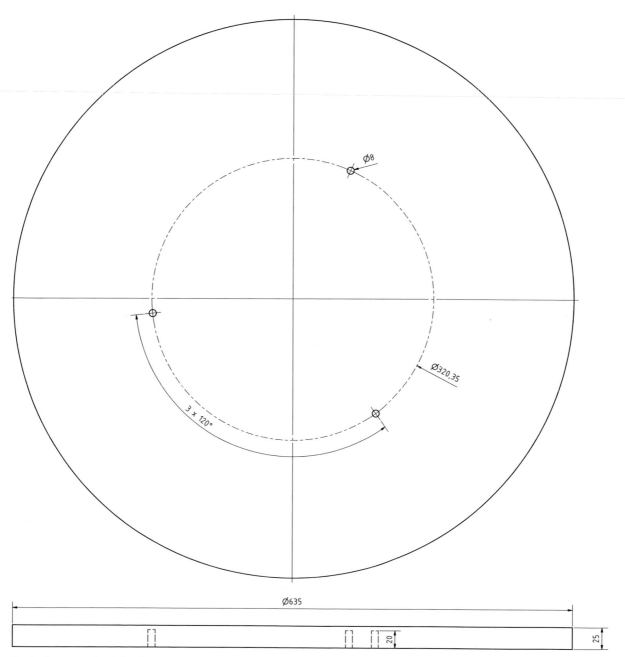

Deckplatte – technische Zeichnung

Hauptansicht von unten

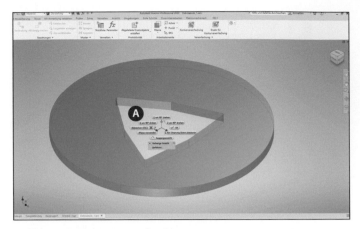

Fußplatte in Baugruppe platzieren

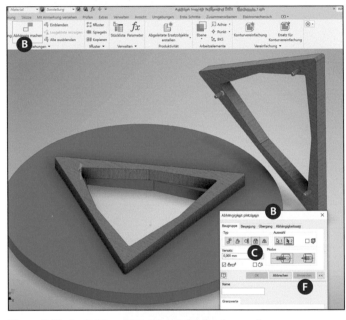

Tipp – Dübel mit Mausbewegung abhängig machen

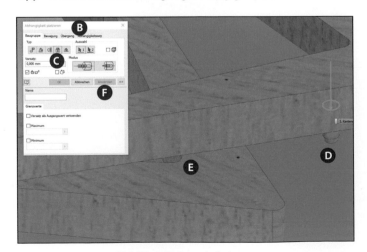

Baugruppe – erste Abhängigkeiten definieren

Dekosäule zusammenfügen

1 Erstellen Sie eine Baugruppe mit dem Dateinamen `<Dekosaeule_1>`.

2 Platzieren Sie die `<Fussplatte>`. Sie können mit dem Kontextmenü **Ⓐ** noch Einstellungen, wie zum Beispiel die Rotation um eine Achse, vornehmen.

3 Platzieren Sie die Baugruppe `<Dreieck_mit_Duebel>`.

4 Drehen Sie dazu Ihre Konstruktion so, dass Sie die Abhängigkeiten **Ⓑ** gut auswählen können. Definieren Sie die entsprechende Abhängigkeit `<Einfügen>` **Ⓒ** der Holzdübel **Ⓓ** zu den Radien der inneren Ecken der Ebene darunter **Ⓔ**. Bestätigen Sie mit `<Anwenden>` **Ⓕ**.

5 Wiederholen Sie Schritt **4**, um die weiteren Ebenen zu platzieren und abhängig zu machen.

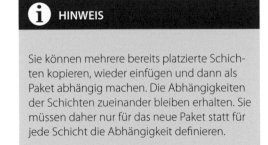

> **ⓘ HINWEIS**
>
> Sie können mehrere bereits platzierte Schichten kopieren, wieder einfügen und dann als Paket abhängig machen. Die Abhängigkeiten der Schichten zueinander bleiben erhalten. Sie müssen daher nur für das neue Paket statt für jede Schicht die Abhängigkeit definieren.

6 Platzieren Sie die `<Deckplatte>` und drei Holzdübel. Machen Sie diese abhängig mit den Sacklöchern der Deckplatte.

7 Definieren Sie die entsprechende Abhängigkeit zur Dekosäule.

8 Speichern Sie Ihre Baugruppe ab.

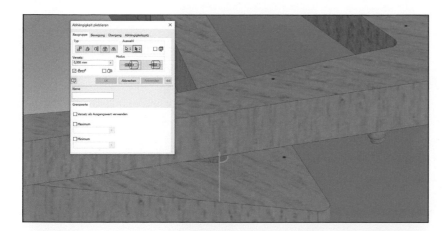

Baugruppe –
zweite Abhängigkeiten definieren

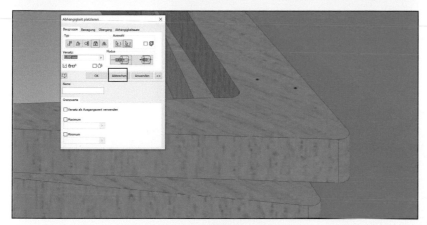

Baugruppe –
Abhängigkeiten fertig definiert

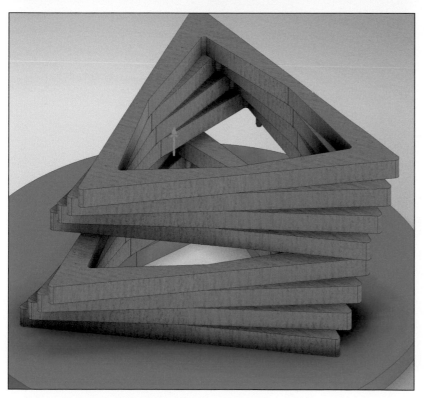

Tipp: mehrere Schichten gemeinsam
platzieren

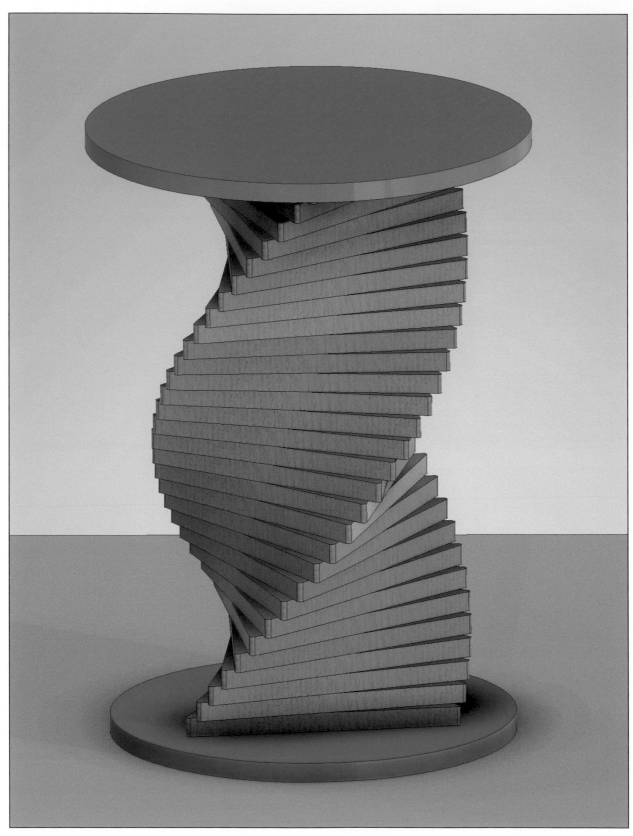

Dekosäule 1 – räumlich schattierte Darstellung

Ausblick: weitere Variantenbildung außerhalb der Vorgaben des Szenarios

Werden die Ecken der Flächen der Dekosäulen miteinander verbunden, entstehen Freiformflächen. Damit werden die Vorgaben des Szenarios dieses Kapitels verlassen, weil die einzelnen Schichten nicht mehr als solche erkennbar sind. Anregungen für weitere Ideen und Varianten außerhalb des Szenarios finden Sie unten abgebildet. Im Kapitel „CAD Modellierung – 3D-Druck" ist das Konstruktionsprinzip erläutert.

Modelle Dekosäulen 3D-gedruckt

Gemeinsamer Aufbau:
- quadratische Querschnittsflächen
- Grund- und Deckfläche: gleich große und gleich ausgerichtete Flächen

links:

Seitenkante mittlere Querschnittsfläche 40% von der Kante der Grund- und Deckfläche:
- mittlere Querschnittsfläche unverdreht
- mittlere Querschnittsfläche um 45° verdreht

unten von links nach rechts:

Mittlere Querschnittsfläche zur Grund- und Deckfläche:
- um 45° verdreht, Seitenkante Hälfte der Diagonalen der unteren und oberen Querschnittsfläche
- etwas kleiner, um 45° verdreht
- noch kleiner, um 45° verdreht
- klein, um 90° verdreht

Modellbau – Laserschneiden

Briefing

Szenario – Vormodelle Dekosäule

Zur Darstellung Ihrer Ideen dienen neben Skizzen und manuelle oder computergestützte Zeichnungen auch dreidimensionale Modelle. Dabei werden je nach Zweck und Detaillierungsgrad Vormodelle, Vorführmodelle, Funktionsmodelle oder Prototypen unterschieden.

Werden für den Modellbau flächige Elemente benötigt, die aus Plattenmaterial herausgearbeitet werden können, kommt häufig das Laserschneideverfahren zum Einsatz.

Je komplexer die Elemente werden oder je mehr Elemente benötigt werden, umso mehr lohnt sich der Einsatz eines Laserschneiders.

In diesem Kapitel werden exemplarisch die geschichteten Flächen für die Vormodelle des vorigen Kapitels „Varianten – Umsetzung CAD" gefertigt.

Überlegungen:

Da im Projekt „Varianten – Umsetzung CAD" viele geschichtete Platten benötigt werden, fällt für den Modellbau die Entscheidung auf die Technik des Laserschneidens. Als Werkstoff bietet sich Pappe, Wellpappe, Pappelsperrholz oder opakes Acrylglas an. Die Schichten können schnell und einfach lasergeschnitten werden.

Um beim Zusammenbau die zentrische Ausrichtung zu erleichtern, wird in der Mitte der Platte eine Bohrung für einen Führungsstab, wie zum Beispiel ein Rundholz, ein Schaschlikspieß oder ein Kunststoffrundstab, vorgesehen.

SOFTWARE

- Adobe Illustrator oder anderes Vektorgrafikprogramm oder alternativ CAD-System zur Erstellung der zu schneidenden Konturen
- Druckertreiber des Laserschneiders
- Software des Laserschneiders

DATEN

www.bi-me.de/download

VORWISSEN

S. 64: Vom Modell zum Prototyp
S. 66: Modellbauwerkstoffe und Modellbautechniken
S. 72: Laserschneiden

Produktdesign

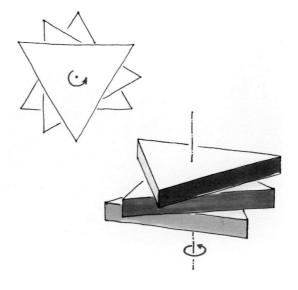

Technische Angaben

Aufbau der Vormodelle der Dekosäulen

Die Dekosäulen sollen aus geschichteten Platten hergestellt werden.

Modellbauwerkstoff:
- Wellpappe
- Acrylglas

Zur Erleichterung des Aufschichtens:
- mittig eine Zentrierbohrung (3 mm)
- Rundstab (3 mm) aus Holz- oder Kunststoff

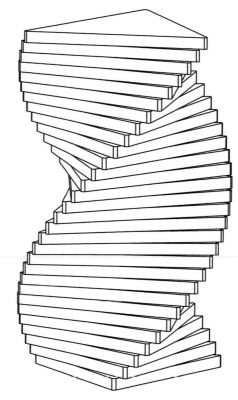

Idee für das zu fertigende Vormodell

Planung

Vorarbeit

- umzusetzende Ideen sind entwickelt
- Maße der Elemente sind definiert

Konstruktion Elemente

- Datei/Projekt anlegen
- Schneidekonturen der Elemente (Schichten) zeichnen

Laserschneiden

- Daten exportieren oder über Druckertreiber des Laserschneiders übertragen
- Laserschneider vorbereiten
- Parameter für Laserschnitt festlegen
- Druckauftrag auf Arbeitsplatte platzieren
- Laserschnitt starten

Nach dem Laserschnitt

- lasergeschnittene Bauteile und restlichen Werkstoff entnehmen
- Laserschneider reinigen

Modellbau

- Bauteile montieren
- Varianten bilden und optimieren
- Modelle bzw. deren Varianten fotografisch dokumentieren

Durchführung

Element konstruieren

Datei/Projekt anlegen

1 Öffnen Sie Ihr Vektorgrafikprogramm und erstellen Sie eine neue Datei mit dem Namen <Modell_1> .

Skizze – Draufsicht auf Drehachse und drei Elemente

> **ℹ HINWEIS**
>
> Die Schneidekontur für den Laserschnitt konstruieren Sie in einem Vektorgrafikprogramm oder CAD-System.
> Wenn Ihr Laserschneider nicht direkt vom Zeichenprogramm angesprochen werden kann, exportieren Sie Ihre
>
> Schneidekontur zusätzlich im DXF-Format oder einem anderen geeigneten Vektorgrafik-Dateiformat. Importieren Sie diese dann in einem Vektorgrafikprogramm, mit dem Sie die Parameter einstellen und Ihren Drucker ansprechen können.

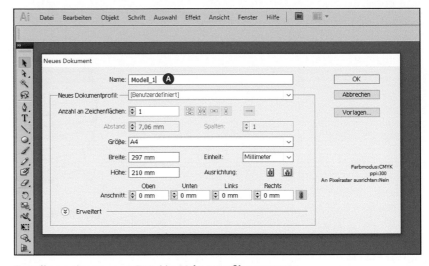

Erstellung einer neuen Datei im Vektorgrafikprogramm

Elemente zeichnen

1 Zeichnen Sie ein gleichseitiges Dreieck mit 40 mm Seitenkante **B**.

2 Zeichnen Sie genau zentrisch im gleichseitigen Dreieck (Inkreis) einen Kreis mit 3 mm Durchmesser **C**.

3 Zur Vorbereitung für den Laserschnitt definieren Sie die Konturen mit der Farbe <rot> (RGB FF0000 bzw. CMYK 0,100,100,0) **D** und einer Stärke von 0,001 mm bzw. 0,3 pt **E**.

4 Speichern Sie Ihre Zeichnung ab.

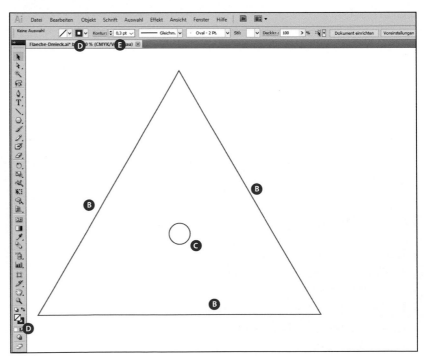

Zeichnung des Umrisses und der Bohrung der Ebene

Laserschneiden der Ebenen

1 Drucken Sie Ihre Zeichnung über das Druckmenü Ihres Zeichenprogramms.

2 Wählen Sie den Druckertreiber des Laserschneiders **A**.

3 Aktivieren Sie die Option `<Zeichenfläche igno-rieren>` **B**.

4 Bestätigen Sie Ihre Einstellungen mit `<Drucken>` **C**.

5 Wechseln Sie zur Software des Laserschneiders.

6 Legen Sie Ihren Werkstoff in den Laserschneider und fokussieren Sie den Laser.

7 Wählen Sie Ihre Druckdaten **D** und platzieren Sie diese auf der Arbeitsfläche **E**.

8 Ordnen Sie den Druckdaten die Schneideparameter des Werkstoffes zu **F**.

9 Senden Sie den Auftrag an den Laserschneider **G**.

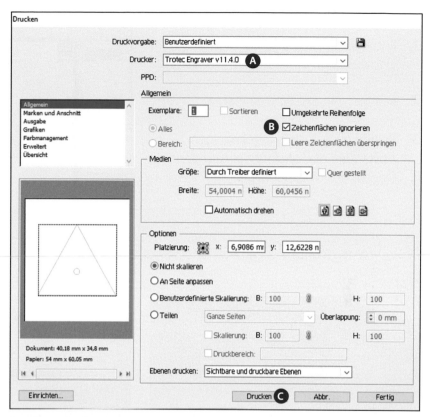

Druckmenü mit ausgewähltem Laserschneider

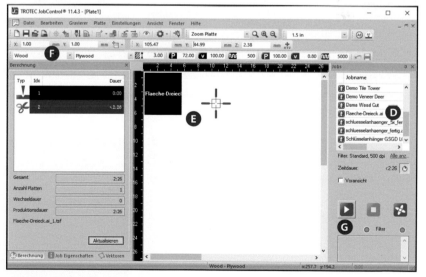

Platzierung der Druckdaten auf der Arbeitsplatte

Nach dem Schneidevorgang

1 Entnehmen Sie die geschnittenen Elemente und die Reste Ihres Werkstoffs.

2 Reinigen Sie den Schneideraum.

3 Reinigen Sie auch in regelmäßigen Abständen die Sammellinse und den Spiegel des Schneidekopfs.

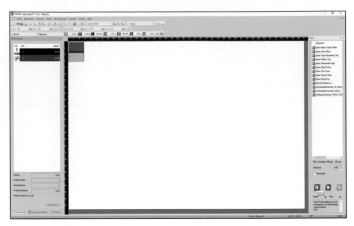

Laserschneiden – rund 60% des Schneidevorgangs abgearbeitet

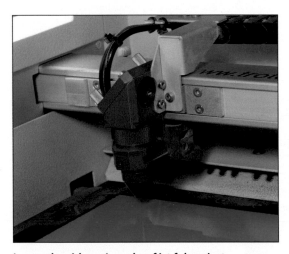

Laserschneiden – Laserkopf ist fokussiert

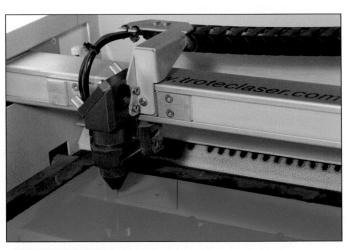

Laserschneiden – während des Schneidevorgangs

INFOBOX –
Werkstoffe für Laserschnitt mit CO_2-Laser

Neben der Leistung des Lasers ist auch der Typ des Lasers dafür ausschlaggebend, welche Werkstoffe lasergeschnitten werden können. Für den Modellbau und die klassischen Modellbauwerkstoffe werden CO_2-Laser eingesetzt.

Typische Werkstoffe für den CO_2-Laserschnitt sind:
– Papier und – Pappe
– dünnes Massivholz und Furniere
– Holzwerkstoffe: MDF, (Pappel-)Sperrholz
– Kork
– Leder
– Thermoplaste: ABS, PS, PMMA (Acrylglas)

Laserschneiden – nach dem Schneidevorgang
– Bauteile fertig zur Entnahme

Modellbau

Varianten bilden und Entwurf optimieren

1 Erstellen Sie mit den ausgelaserten Elementen Varianten Ihres Entwurfs. Variieren Sie dabei die Grundform der Schichten, die Anordnung der Schichten und die Proportionen (zum Beispiel Stärke der Schichten).

2 Dokumentieren Sie Ihre Varianten fotografisch.

Anmerkung:
Weitere Varianten einschließlich einer kurzen Analyse finden Sie im Kapitel „Varianten – Umsetzung CAD".

Modellbau – die ersten aus Acrylglas lasergeschnittenen Dreiecke sind aufgestapelt.

Modellbau – die aus Wellpappe lastergeschnittenen Quadrate sind aufgestapelt.

Modellbau – teilweise hängen noch „Bohrkerne" fest, die weiteren Dreiecke aus Wellpappe sind aufgestapelt.

Variantenbildung im CAD

Briefing

Szenario – Dekosäule II

Das Szenario gleicht weitgehend dem des Projektes „Varianten – Umsetzung CAD". Allerdings weichen die Vorgaben ab und führen damit zu anderen Lösungen, anderer CAD-Umsetzung und einem Modellbau über generative Fertigungsmethoden, also über 3D-Druck.

Eine berufliche Schule benötigt zur Ausschmückung bei Feiern und Ausstellungen vier Dekosäulen.

Diese sollen als Ausschmückungsgegenstand und als Träger für zum Beispiel Blumenschmuck oder Adventskranz dienen. Einsatz ist bei entsprechenden Feierlichkeiten wie Verabschiedungen, Zeugnisübergaben, Weihnachtsfeiern, beim Tag der offenen Tür oder bei internen oder externen (Aus-)Bildungsmessen.

In diesem Projekt entwerfen Sie Dekosäulen. Die Gestaltungsidee für diese Dekosäulen sind einfache geometrische Grundformen, die in der Höhe „verschoben" und/oder „verdreht" werden. Die Ecken bzw. Kanten werden miteinander verbunden und bilden so den Volumenkörper der Dekosäule.

Technische Angaben

Abgrenzung

Siehe Kapitel „Varianten – Umsetzung CAD".

Aufbau der Dekosäulen

Die später produzierten Dekosäulen sollen als Hohlkörper hergestellt werden. Werkstoffe und technischer Aufbau sind freigestellt.
Die Dekosäule ist 900 mm hoch.

SOFTWARE
- Inventor 2021 oder anderes CAD-System
- Drucksoftware (Slicer) des 3D-Druckers

DATEN

www.bi-me.de/download

VORWISSEN

S. 10: Gestaltungsprozess
S. 16: Anforderungen und Analysen
S. 74: 3D-Druck
S. 44: Werkstoffe

Produktdesign

Modelle und technische Zeichnung

Das Projektergebnis umfasst:
- Skizzen und schattierte bzw. colorierte Zeichnungen sowie begleitende Texte
- Vormodelle aus Holz oder 3D-Druck
- Vorführmodell – Mockup
  - im Maßstab 1:10
  - als 3D-Druck im FDM-Verfahren
- Visualisierung der Werkstoffe und Oberflächen (Farbcodierung und Werkstoffproben)

Planung

Vorarbeit

- Anforderungen definieren oder die des Projektes „Varianten – Umsetzung CAD" anpassen
- erste Ideen entwickeln

Entwurf

- Entwurf ausarbeiten
- Vormodelle bauen
- Varianten bilden

CAD-Umsetzung

- Datei/Projekt anlegen
- Bauteil und Baugruppe konstruieren
- Varianten im CAD bilden

3D-Druck im FDM-Verfahren

- STL-Daten exportieren
- siehe Kapitel „Modellbau – 3D-Druck (FDM)"

Durchführung

Vorarbeit

Anforderungen definieren oder anpassen

Definieren Sie die Anforderungen oder passen Sie das Pflichtenheft des Projektes „Varianten – Umsetzung CAD" entsprechend an.

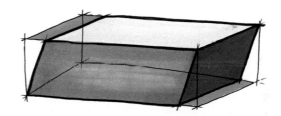

Erste Ideen entwickeln

1 Skizzieren Sie Ihren ersten Ideen und Gedanken auf einem DIN-A3-Bogen.

2 Ergänzen Sie Ihre Skizzen mit beschreibenden oder technischen Angaben.

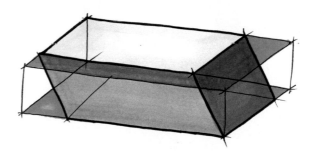

Zwei Ideen für Grundelemente mit schrägen Kanten
– Grundelement 1 in Richtung der X-Achse verschoben
– Grundelement 2 in Richtung der X- und Y-Achse verschoben

Entwürfe erstellen

Entwurf ausarbeiten

1   Entwickeln Sie die ausgewählte Idee zeichnerisch weiter. Ergänzen Sie Ihre Skizzen mit erklärenden Kommentaren.

2   Übertragen Sie (Detail-)Lösungen anderer, in Ihrer Analyse positiv bewerteter Ideen auf Ihre ausgewählte Idee.

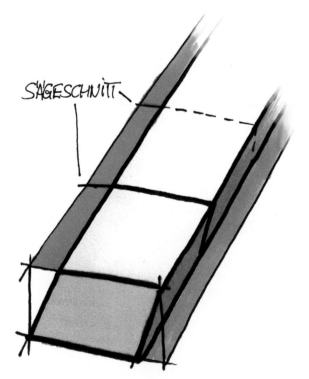

Holzlatte mit angefrästen Kanten fertig zum Absägen der Grundelemente 1

Vormodelle bauen und Varianten bilden

Visualisieren Sie Ihre Ideen mit kleinen Vormodellen im Maßstab ca. 1:10. Verwenden Sie dazu Holz oder 3D-Druck.

In diesem Fall soll jede Ebene als ein einzelnes Element mehrmals hergestellt werden, damit unterschiedliche Möglichkeiten der Anordnung geprüft werden können.

Grundelement 1
Für das Grundelement 1, das in der Richtung der X-Achse verschoben ist, also zwei Schrägen hat, nehmen Sie ein Holzlatte und gehen wie folgt vor:

1   Fräsen Sie die Schräge an die beiden niedrigen, langen Seiten.

2   Sägen Sie davon im rechten Winkel Stücke ab, so dass die Ober- und Unterseiten quadratisch sind.

3   Versäubern Sie alle Kanten.

4   Schichten Sie die Grundelemente zu unterschiedlichen Varianten.

5   Dokumentieren Sie Ihre Varianten fotografisch.

6   Analysieren Sie anhand der Varianten die Wirkung und Funktion.

Grundelement 2
Für das *Grundelement 2*, das in X- und Y-Richtung verschoben ist, bietet sich für den Modellbau der 3D-Druck an.

Für den 3D-Druck wird ein CAD-Modell benötigt. Die entsprechende Beschreibung erfolgt im Abschnitt „Element mit CAD-System umsetzen". Dort wird die Umsetzung beider Grundelemente beschrieben.

Die genaue Beschreibung des 3D-Drucks finden Sie im Kapitel „Modellbau – 3D-Druck (FDM)".

Grundelement 1 – Variante 1

Grundelement 1 – Variante 2 – Ansicht von der Seite und räumlich

Aufbau:
Acht Grundelemente 1 sind gestapelt und dabei so ausgerichtet, dass die ebenen Seiten zwei gegenüberliegende ebene Seitenflächen bilden. Die anderen beiden Seiten werden von den sich im Wechsel nach außen und nach innen neigenden schrägen Seiten gebildet.

Wirkung:
Diese Variante wirkt blockhaft, kompakt und ruhig. Durch die vertikalen Zick-Zack-Kanten wirkt die Dekosäule ungewöhnlich. Ein spitzerer Winkel der Schrägen würde dies weiter verstärken.

Schwachstellen und mögliche Optimierungen:
Ein später realisiertes Produkt würde wegen der massiven Bauweise durch die Schichtung kompletter Elemente viel zu schwer werden. Die gesamte Dekosäule könnte aus Platten hohl gefertigt werden.

Die Ecken sind teilweise spitz und erhöhen somit die Verletzungsgefahr. Bei der Realisation müssen daher die Ecken gebrochen oder abgerundet werden.

Aufbau:
Acht Grundelemente 1 sind gestapelt und dabei gegenüber dem darunter liegenden Grundelement um 90° verdreht.

Wirkung:
Die blockhafte Erscheinung der Variante 1 geht verloren. Variante 2 wirkt durch das Licht- und Schattenspiel auf allen Seitenflächen und die vertikalen Zick-Zack-Kanten unruhiger und ungewöhnlich.

Schwachstellen und mögliche Optimierungen:
Vgl. Variante 1

CAD-Umsetzung

Datei/Projekt anlegen

1 Öffnen Sie Ihr CAD-System und erstellen Sie
ein neues Projekt **A** und **B** mit dem Namen
`<Dekosaeule_II>` **C**.

2 Erstellen Sie ein Bauteil mit dem Dateinamen
`<Dekosaeule_verschoben_1>`.

Grundelement 1 konstruieren

1 Gehen Sie in den 2D-Skizziermodus **D** und
wählen Sie die XZ-Ebene. Zeichnen Sie symmetrisch zum Achsenkreuz ein Quadrat mit einer
Kantenlänge von **500 mm** **E**.
Beenden Sie den Skizziermodus.

Projekt anlegen

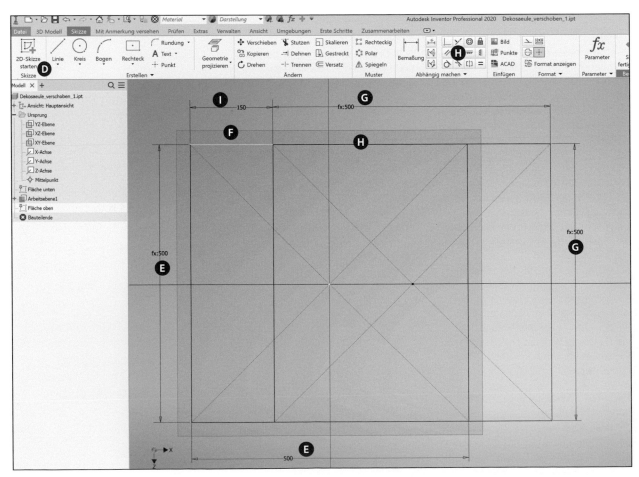

Zwei Skizzen erstellen

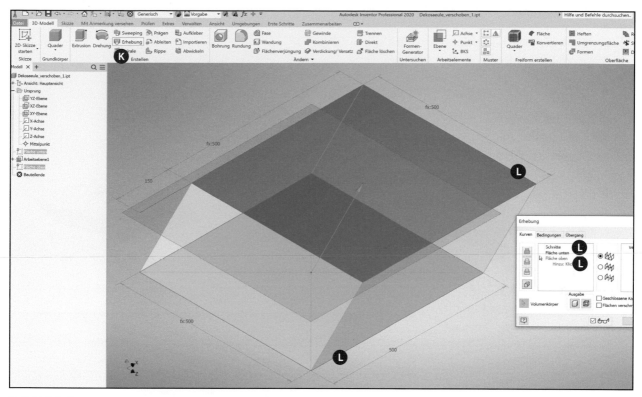

Befehl Erhebung

2 Erstellen Sie eine neue 2D-Skizze. Klicken Sie die XZ-Ebene an und ziehen diese nach oben. Sie erhalten eine neue versetzte Arbeitsebene. Geben Sie als Abstand **150 mm** an.

3 Projizieren Sie die obere Kante des zuletzt gezeichneten Quadrats auf diese Arbeitsebene **F**. Zeichnen Sie ein Quadrat mit einer Kantenlänge von **500 mm** **G**.

4 Ordnen Sie den oberen Kanten die Abhängigkeit **<kollinear>** zu **H**. Bemaßen Sie die linken Kanten mit dem Abstand **150 mm** **I**. Beenden Sie den Skizziermodus.

5 Verbinden Sie mit dem Werkzeug **<Erhebung>** **K** die beiden skizzierten Flächen **L** zu einem Volumenkörper.

6 Speichern Sie Ihr Bauteil ab.

> **ℹ INFOBOX – Alternative**
>
> Das Grundelement 1 hätte auch als Quader 500 mm x 650 mm x 150 mm gezeichnet und dann die beiden entsprechenden Kanten mit 150 mm angefast werden können. Die im Text erwähnte Variante erlaubt später aber eine erleichterte Variantenbildung.

Baugruppe erstellen

1 Erstellen Sie eine Baugruppe mit dem Dateinamen `<Dekosaeule_V1>`.

2 Platzieren **A** Sie zweimal das Bauteil `<Dekosaeule_verschoben_1>` **B**.

3 Richten Sie die obere Fläche **C** des zuerst eingefügten mit der unteren Fläche des zweiten Bauteils **D** aus. Bestätigen Sie mit `<Anwenden>` **E**.
Dieser Schritt wurde nur zur leichteren Nachvollziehbarkeit eingefügt. In der CAD-Nutzung Geübte mit gutem räumlichen Vorstellungsvermögen können diesen Schritt überspringen, da die Ausrichtung der beiden Bauteile durch den Schritt 4 (Abb. 4 und 5) eindeutig ist.

4 Richten Sie nun die Kanten der beiden genannten Flächen so aus, dass diese kollinear verlaufen **F**. Bestätigen Sie **G**. Wiederholen Sie dies für das andere Kantenpaar **H**. Bestätigen Sie **I**.

5 Fügen Sie Ihr Bauteil erneut ein und wiederholen Sie die Ausrichtungen samt Drehung, bis Ihre Säule **900 mm** hoch ist.

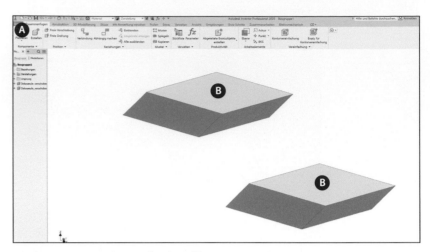

1 Baugruppe – zwei Bauteile eingefügt

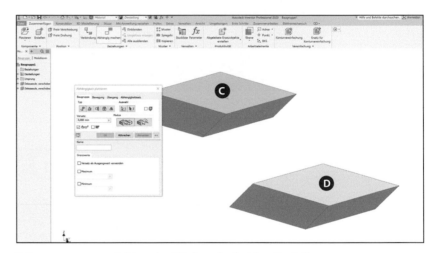

2 Baugruppe – ausrichten der Flächen der beiden Bauteile

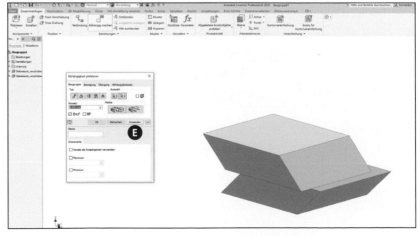

3 Baugruppe – Flächen der beiden Bauteile ausgerichtet

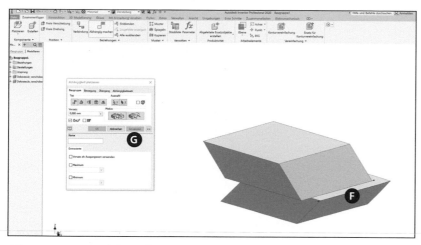

4 Baugruppe – ausrichten der Kanten der beiden Bauteile

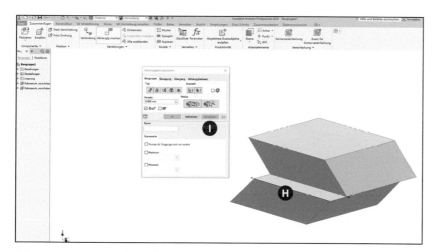

5 Baugruppe – ausrichten der anderen Kanten

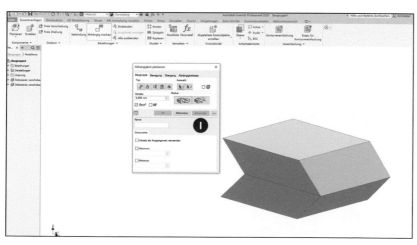

6 Baugruppe – zwei Bauteile ausgerichtet

Variante 1 – Grundelement 1 mit Schräge von 45°

Aufbau und Wirkung siehe im vorausgehenden Abschnitt „Vormodelle bauen".
Die Zickzacklinie wurde durch den Winkel von 45° wie erwartet deutlicher.

Grundelement 2 konstruieren

1 Wiederholen Sie die `Punkte` **1**, **2**, **3** und **5**. vom Abschnitt „Grundelement 1 konstruieren". Bei Punkt **4** verzichten Sie auf die Abhängigkeit `<kollinear>` und bemaßen die oberen Kanten ebenfalls mit dem Abstand **150 mm**.

2 Speichern Sie das neue Bauteil unter dem Dateinamen `<Dekosaeule_ver-schoben_2>`.

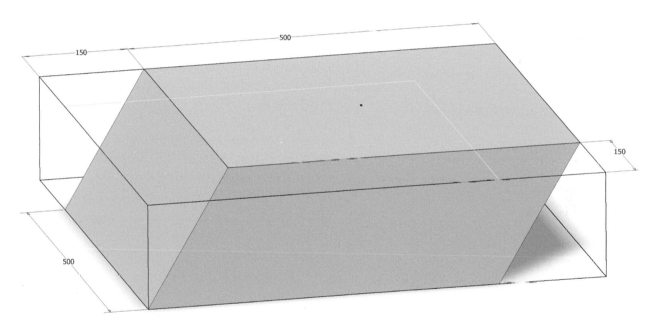

Grundelement 2 mit Hüllkörper – Überblick zur Konstruktion auf zwei Ebenen

 INFOBOX – Alternative

Falls Sie bereits das Projekt „Trauring" bearbeitet haben, können Sie weitere Varianten erstellen, indem Sie statt wie bisher zwei, mehrere Schnittebenen erzeugen und diese mit dem Befehl `<Erhebung>` verbinden.

Varianten im CAD bilden

Bilden Sie weitere Varianten. Verwenden Sie dazu sowohl das Grundelemente 1 als auch das Grundelement 2 oder auch Kombinationen von beiden.

Zur Visualisierung weiterer Varianten haben Sie nun die Möglichkeit, entweder

- im CAD-System digital weiterzuarbeiten, indem Sie entsprechende Baugruppen erstellen und diese zum Beispiel als 3D-PDF speichern, oder
- Sie fertigen die Grundelemente mit 3D-Druck und setzen diese dann zu Vormodellen zusammen, die Sie dann fotografisch dokumentieren.

Weitere Varianten digital erstellen

1 Wiederholen Sie die Schritte des Abschnitts „Baugruppe erstellen" mit neuem Dateinamen und dem Grundelement 2.

2 Speichern Sie Ihre neuen Varianten im Dateiformat Ihres CAD-Systems.

3 Exportieren Sie diese auch als 3D-PDF.

4 Falls Sie Ihre komplette Baugruppe 3D-drucken wollen, speichern bzw. exportieren Sie diese als STL-Datei.

5 Erzeugen Sie sowohl für Grundelement 1 als auch für Grundelement 2 weitere Varianten durch andere oder wechselnde Drehungen der Grundelemente.
Führen Sie ebenfalls die Schritte **2, 3** und gegebenenfalls **4** durch.

6 Erstellen Sie neue Varianten, indem Sie beide Grundelemente in wechselnden Drehungen und Ausrichtungen miteinander kombinieren.
Führen Sie ebenfalls die Schritte **2, 3** und gegebenenfalls **4** durch.

7 Analysieren Sie anhand Ihrer Vormodelle die Wirkung und Funktion Ihrer Dekosäule.

Grundelement 2 – Variante 1

Aufbau:
Acht Grundelemente 2 sind gestapelt und dabei immer um 180° verdreht.

Wirkung:
Diese Variante wirkt durch die ausgeprägten vertikalen Zick-Zack-Kanten dynamisch, ungewöhnlich und wegen der ausgeprägten Spitzen fast schon aggressiv. Ein stumpferer Winkel der Schrägen würde dies zurücknehmen.

Schwachstellen und mögliche Optimierungen:
Ein später realisiertes Produkt müsste aus Gewichtsgründen aus Platten hohl gefertigt werden.
Die Ecken sind zu spitz und erhöhen somit die Verletzungsgefahr. Daher müssen die Winkel der Schrägen stumpfer werden und die Ecken und Kanten gebrochen oder abgerundet werden.

Varianten mit 3D-gedruckten Grundelementen erstellen

Um das Aufeinanderschichten Ihrer Grundelemente zu vereinfachen, können Sie diese bereits im CAD-System mit Steckvorrichtungen, wie von Steckbausteinen bekannt, ergänzen.

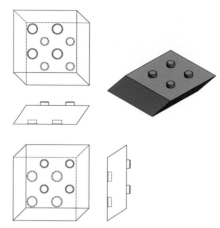

1 Exportieren Sie Ihr Grundelement als STL-Datei. In STL-Dateien werden keine Maßeinheiten hinterlegt. Achten Sie daher bei den Einstellungen/Optionen darauf, dass eine STL-Einheit einem Millimeter entspricht. Da in diesem Bauteil keine Rundungen vorhanden sind, kann die Anzahl der Dreiecke (Auflösung der STL-Datei) niedrig bleiben.

Grundelement 2 mit Steckvorrichtung

2 Drucken Sie Ihre STL-Datei im Maßstab 1:10 achtmal aus. Das Vorgehen wird im Kapitel „Modellbau 3D-Druck (FDM)" ausführlich beschrieben. Obwohl FDM-3D-Drucker 45°-Überhänge drucken können, kann es bei der Spitze des Grundelements 2 zu Problemen kommen, da das Filament dort zu lange zu warm bleibt und daher nach unten wegsinkt. Aus diesem Grund ist es sinnvoll, dort in der 3D-Drucksoftware (Slicer) Stützen einzuplanen.

3 Setzen Sie die 3D-gedruckten Grundelemente zu unterschiedlichen Varianten zusammen. Dokumentieren Sie Ihre Varianten fotografisch.

4 Analysieren Sie anhand Ihrer Vormodelle die Wirkung und Funktion Ihrer Dekosäule.

Grundelement 2 – Variante 2

Aufbau:
Acht Grundelemente 2 sind gestapelt und dabei immer um 90° verdreht.

Wirkung:
Diese Variante wirkt durch die ausgeprägten Ecken und Kanten dynamisch, ungewöhnlich. Die pfeilförmigen Flächen, die sich aus den gleichliegenden Parallelogrammseiten ergeben, verstärken diesen Eindruck.

Schwachstellen und mögliche Optimierungen:
Ein später realisiertes Produkt müsste aus Gewichtsgründen aus Platten hohl gefertigt werden.
Die Ecken sind zu spitz und erhöhen somit die Verletzungsgefahr. Daher sollten die Winkel der Schrägen stumpfer werden. Zusätzlich müssen die Ecken und Kanten gebrochen oder abgerundet werden.

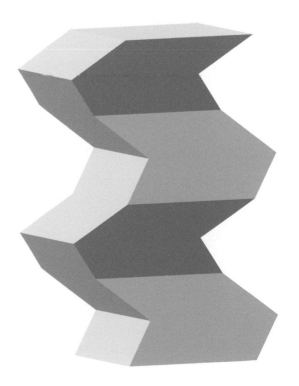

CAD-Modellierung – 3D-Druck

Briefing

Szenario – Trauringe

Gewünscht ist ein Paar Trauringe. Jeder der Trauringe soll in sich verdreht sein.

In diesem Projekt erarbeiten Sie den Entwurf und setzen diesen mit einem CAD-System um. Sie drucken das Ergebnis mit einem 3D-Drucker im SLA-Verfahren.

Technische Angaben

Ringweite (Innenumfang)

- Damenring Ringweite 53 (53 mm Innenumfang)
- Herrenring Ringweite 62 (62 mm Innenumfang)

Aufbau der Trauringe

Die Trauringe sollen aus einem in sich verdrehten Draht mit eckigem Querschnitt bestehen. Verschiedene Querschnitte werden auf deren Tauglichkeit geprüft. Dabei steht der Tragekomfort des täglich getragenen Trauringes im Vordergrund.

Modelle und Rendering

Das Projektergebnis umfasst Folgendes:
- Varianten als manuelle Scribbles oder CAD-Darstellungen
- Vorführ- und Gussmodell
  - Maßstab 1:1
  - 3D-Druckverfahren: Stereolithografie (SLA) oder als Wachs-Multi Jet Modeling (MJM)
  - Das SLA-Modell wird anschließend im Ausschmelzverfahren in Gold gegossen und vom Goldschmied fertig bearbeitet.

SOFTWARE

- Inventor 2021 oder anderes CAD-System
- Drucksoftware (Slicer) des 3D-Druckers

DATEN

www.bi-me.de/download

VORWISSEN

S. 10: Gestaltungsprozess
S. 74: 3D-Druck

Produktdesign

Trauringe – Symbol für Partnerschaft *(Foto: Tom Thiele)*

Planung

Vorüberlegungen Querschnitte

- Lösungsmöglichkeiten entwickeln
- Lösungen analysieren
- Lösungen optimieren

Konstruktion einer Umdrehung

- Erstellung der Querschnitte im Verlauf
- Verbinden der Querschnitte zum Volumenkörper als Grundelement

Variantenbildung in der Baugruppe

- Ring aus dem Grundelement erstellen
- Varianten bilden
- Vormodelle bauen
- Varianten bilden im CAD
- STL-Daten exportieren

3D-Druck im SLA-Verfahren

- STL-Datei importieren und platzieren
- Stützen und Druckparameter festlegen
- Druckdaten erzeugen und an Drucker schicken
- 3D-Drucker vorbereiten und starten
- 3D-Druck nachbearbeiten

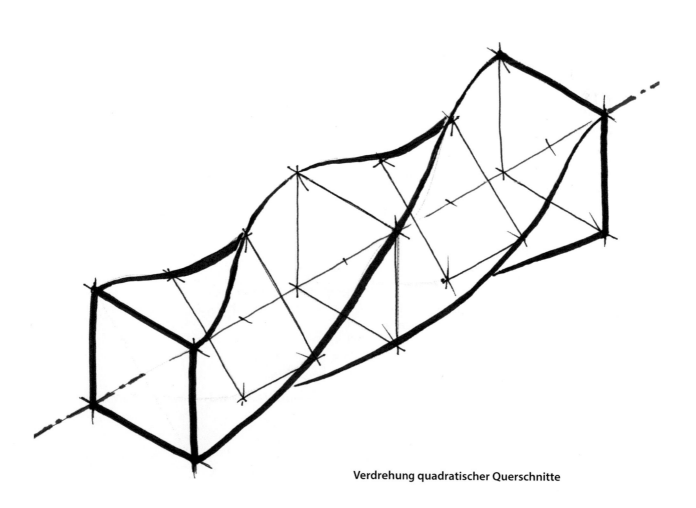

Verdrehung quadratischer Querschnitte

Durchführung

Vorüberlegungen Querschnitte

Lösungsmöglichkeiten Querschnitte

Verwendung eines:
- gleichseitigen Dreiecks als Querschnitt
- gleichschenkligen Dreiecks als Querschnitt
- Quadrats als Querschnitt
- Rechtecks als Querschnitt
- Fünfecks als Querschnitt

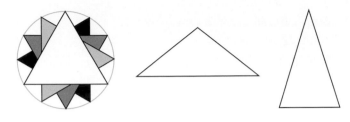

Verdrehung dreieckiger Querschnitte

Analysen zu den Querschnittsformen

Analysieren Sie, wie sich die Querschnitts-form durch die Verdrehung zur Längsachse verändert. Die verbindenden Kanten müssen nicht dargestellt werden.

Verwendung von dreieckigen Querschnitten:
- dreieckige Querschnitte führen zu spitzen Kanten des Rings und damit zu folgenden Nachteilen:
  - ☹ unbequemes Tragen des Traurings
  - ☹ schnelle Abnutzung der Kanten

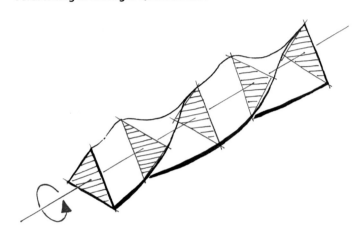

Verdrehung gleichseitiger dreieckiger Querschnitte

Verwendung eines quadratischen Querschnitts:
- Verdrehung ist weniger deutlich wahrzu-nehmen
- Kanten mit 90° haben höhere Kantenstabi-lität als Kanten mit spitzem Winkel
- bei geringer Ringstärke gut tragbar, dann aber mit folgendem Nachteil:
  - ☹ Trauringe sind schmal

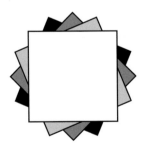

Verwendung eines rechteckigen Querschnitts:
- Verdrehung ist deutlicher wahrzunehmen
- Kanten mit 90° haben höhere Kantenstabi-lität als Kanten mit spitzem Winkel
- Breite und Höhe des Rings frei wählbar
- breite rechteckige Querschnitte durch die bei der Drehung entstehende Höhe
  - ☹ unangenehm tragbar

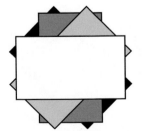

Verdrehung quadratischer und rechteckiger Querschnitte

Verwendung eines fünfeckigen Querschnitts:

- stumpfe Kanten des Rings (108°)
  - ☺ wegen stumpfem Winkel geringe Abnutzung der Kanten
  - ☹ bei geringer Ringstärke bequemes Tragen des Traurings, aber mit dem Nachteil, dass Trauringe schmal sind
  - ☹ Verdrehung ist weniger deutlich wahrzunehmen

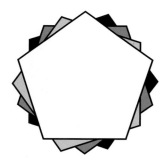

Verdrehung fünfeckiger Querschnitte

Auswahl und Optimierung

Der rechteckige Querschnitt stellt das Optimum dar, da er einen guten Kompromiss zwischen Deutlichkeit der Verdrehung und geringer Abnutzung der Kanten beim Tragen des Traurings bildet. Das Problem des unbequemen Tragens des Rings durch das hochkantstehende Rechteck lässt sich durch eine fließende Querschnittsveränderung mindern, so dass der Querschnitt nach jeder Drehung um 90° wieder ein liegendes Rechteck ist.

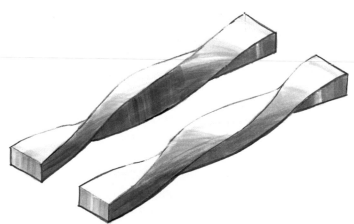

Verdrehung rechteckiger Querschnitte

- ohne Querschnittsänderung (oben)
- mit Querschnittsänderung (unten)

Konstruktion einer 90°-Drehung

Datei/Projekt anlegen

1. Öffnen Sie Ihr CAD-System und erstellen Sie ein neues Projekt mit dem Namen `<Trauring>` **A**.

2. Erstellen Sie ein Bauteil mit dem Dateinamen `<Grundelement>` **B**.

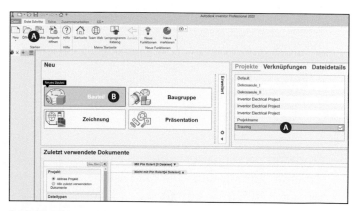

Projekt anlegen

Berechnung Innenradius:

```
Innenradius = Innenumfang / (2 * π)
            = 53 mm /(2 * π)
            = 8,4 mm
```

Grundelement konstruieren

Der Damenring soll eine Ringweite 53, also 53 mm Innenumfang, und einen Querschnitt von 2,2 mm x 3,3 mm haben.

1 Gehen Sie in den 2D-Skizziermodus 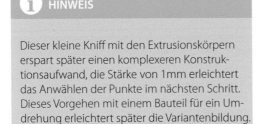 ⒶⒶ und wählen Sie die XY-Ebene. Zeichnen Sie symmetrisch zur Y-Achse ein Rechteck mit einer waagrechten Kantenlänge von 3,3 mm Ⓑ und einer senkrechten von 2,2 mm Ⓒ. Der Abstand der unteren Kante zur X-Achse entspricht dem Innenradius des Traurings 8,4 mm Ⓓ. Beenden Sie den Skizziermodus Ⓔ.

2 Erstellen Sie eine `<Extrusion>` des skizzierten Rechtecks Ⓕ mit 1 mm Stärke. Die Stärke der Extrusion sorgt im nächsten Schritt für eine tangentiale Kantenführung der Drehung des Grundelements und wird später auf 0,02 mm reduziert und fällt dann nicht mehr auf.

> **ⓘ HINWEIS**
>
> Dieser kleine Kniff mit den Extrusionskörpern erspart später einen komplexeren Konstruktionsaufwand, die Stärke von 1 mm erleichtert das Anwählen der Punkte im nächsten Schritt. Dieses Vorgehen mit einem Bauteil für ein Umdrehung erleichtert später die Variantenbildung.

3 Erzeugen Sie mit dieser Extrusion eine `<runde Anordnung>` mit zwei Elementen auf: 360°/6 = 60° Ⓖ. Die Rotationsachse ist die X-Achse Ⓗ.

Überlegung zu diesen Werten:
Wenn der Rechteckdraht entlang des Rings in sich viermal um 90° verdreht wird, ist am getragenen Trauring die Verdrehung schwer erkennbar. Bei achtmal ist die Verdrehung sehr eng.

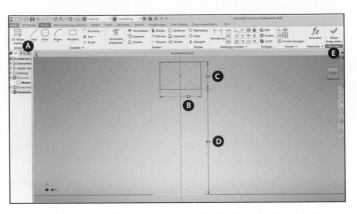

Grundelement konstruieren – erster Querschnitt

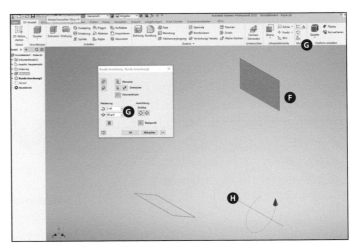

Grundelement konstruieren – zweiter Querschnitt

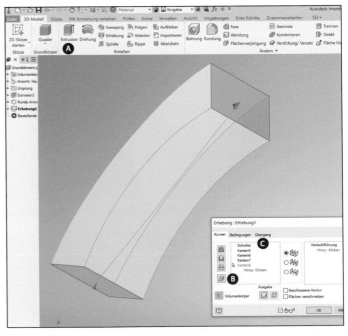

Erhebung – Erzeugung Volumenkörper *(Abb. zum Text gegenüber)*

Als guter Wert erscheinen daher sechs in sich um 90° verdrehte Grundelemente.

4 Verbinden Sie die beiden Rotationsexemplare mit dem Befehl <Erhebung> **A**. Wählen Sie im Fenster zuerst <neuer Volumenkörper> **B**, dann unter < Schnitte> die nach außen weisende Fläche der ersten Extrusion, dann die nach innen zeigende. Fahren Sie mit der innenliegenden Seite des zweiten Extrusionskörpers gefolgt von der äußeren fort.
Speichern Sie diesen Zwischenstand für spätere Variantenbildungen als Kopie mit dem Dateinamen <Grundelement glatt>.

5 Wählen Sie den Tabulator <Übergang> **C**. Entfernen Sie den Haken der Checkbox <automatische Zuordnung> **D**. Wählen Sie im Fenster <Satz ausgew. Punkte> die erste Festlegung **E** und fahren Sie mit der Maus über die zweite Extrusion. Sie sehen die Verknüpfung der Kanten als roten Linienzug **F**. Wählen Sie die neue Anordnung des Linienzugs, indem Sie zuerst den gewünschten Punkt auf der innenliegenden Seite wählen **G**, dann den korrespondierenden der außenliegenden Seite **H**. Wiederholen Sie dies für die verbleibenden Festlegungen.

6 Öffnen Sie im Browser die Extrusion durch einen Doppelklick. Ändern Sie die Extrusionshöhe von 1 mm auf 0,02 mm. Die Extrusionskörper sind nun nicht mehr wahrnehmbar.

7 Speichern Sie das Ergebnis mit dem Dateinamen <Grundelement>.

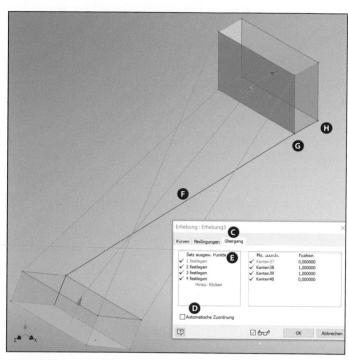

Erhebung – Verdrehung

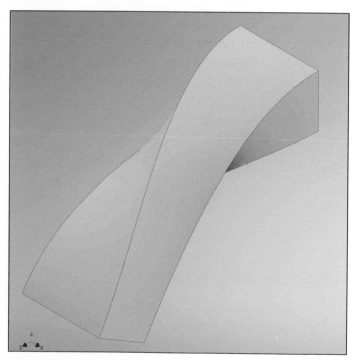

Verdrehtes Grundelement

Zusammenfügen als Baugruppe

Sechs 60° Grundelemente werden als Baugruppe zu einem Ring zusammengebaut. Bilden Sie Varianten aus Ihren Bauteilen mit dem Dateinamen <`Grundelement glatt`> und <`Grundelement`>. Durch Spiegeln vom <`Grundelement`> können weitere Varianten gebildet werden.

Erstellung Variante 1 – gleiche Drehung

1   Erstellen Sie eine Baugruppe mit dem Dateinamen <`Variante-1`>.

2   <`Platzieren`> **A** Sie das <`Grundelement`> in die Baugruppe. Drücken Sie nach der ersten Platzierung die <`ESC-Taste`>, um das Platzieren zu beenden. Klicken Sie auf <`Muster`> **B** und dort auf <`kreisförmig`> **C**. Wählen Sie Ihr <`Grundelement`>, gehen dann auf <`Achsenrichtung`> **D** sowie im Browser unter Ihrem <`Grundelement`> auf <`Ursprung`> und dann auf die <`X-Achse`> **E**. Geben Sie im Feld <`Kreisanzahl`> **F** die gewünschte Anzahl <6> und im Feld <`Kreiswinkel`> <60°> **G** ein. Schließen Sie mit <ok> ab.

3   Speichern Sie das Ergebnis mit dem Dateinamen <`Variante-1`>.

Erstellung Variante 2 – Wechseldrehung

1   Erstellen Sie eine Baugruppe mit dem Dateinamen <`Variante-2`>.

2   <`Platzieren`> **A** Sie das Bauteil <`Grundelement`> in die Baugruppe. Beenden Sie die Platzierung durch Drücken der <`ESC-Taste`>. Fahren Sie mit <`Spiegeln`> **H** fort. Wählen Sie als zu spiegelnde Komponente Ihr Bauteil

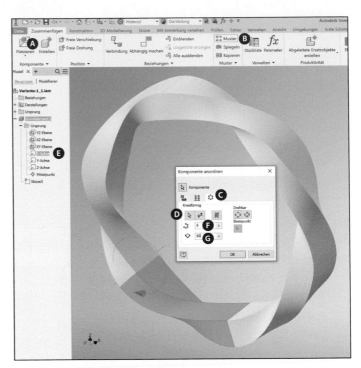

Variante 1 durch kreisförmiges Muster

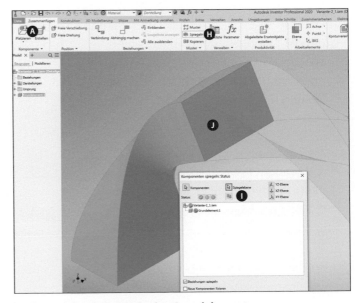

Variante 2 durch Spiegeln des Grundelements

<Grundelement> und als <Spiegelebene>
I die Querschnittsfläche des <Grundele-
ments> **J**. Schließen Sie mit <ok> ab.

3 Klicken Sie auf <Muster> **B** und dort auf
<kreisförmig> **C**. Wählen Sie beide Ele-
mente und fahren Sie, wie von Variante 1 bekannt, mit den Werten <3> und <120°> fort.
Schließen Sie mit <ok> ab.

4 Speichern Sie das Ergebnis mit dem Dateinamen <Variante-2>.

5 Erstellen Sie weitere Varianten aus den beiden
Grundelementen.

STL-Datei exportieren

1 Wählen Sie eine Ihrer Varianten aus.

2 Exportieren Sie diese Variante als STL-
Datei. In STL-Dateien werden keine Maßeinheiten hinterlegt. Achten Sie daher bei den
Einstellungen darauf, dass eine Einheit einem
Millimeter entspricht. Da diese Baugruppe
komplett aus Freiformflächen besteht und
hochaufgelöst gedruckt wird, muss die Anzahl der Dreiecke und damit die Auflösung
der STL-Datei erhöht werden.

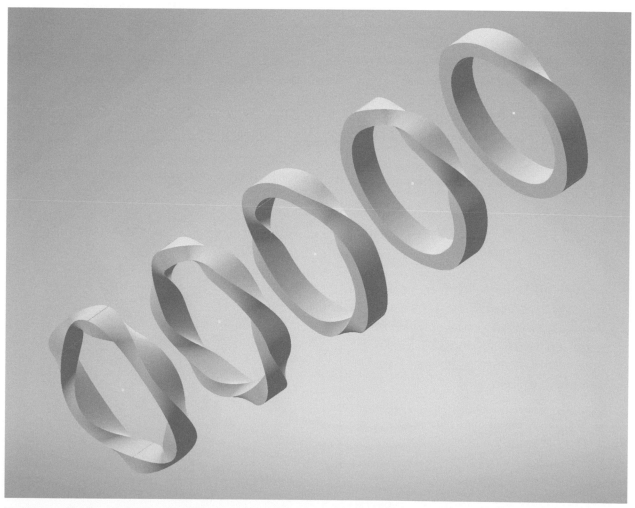

**Varianten – Wechseldrehung, gleiche Drehung, eine Gerade und eine Drehung im Wechsel, Gerade und eine voll-
ständige Drehung, Gerade und eine halbe Umdrehung**

3D-Druck im SLA-Verfahren

STL-Datei importieren und platzieren

1 Öffnen Sie Ihre STL-Datei in Ihrer 3D-Drucksoftware (Slicer). Für den größeren Herrenring können Sie die STL-Daten entsprechend größer skalieren.

2 Richten Sie Ihr Objekt aus und schieben Sie Ihr Objekt an die gewünschte Stelle auf der Bauplatte.

3 Erzeugen Sie manuell oder automatisch die Stützstrukturen. Stützen werden als Kontakt zur Bauplatte und zur Abstützung des Druckobjekts benötigt. Besonders, wenn die zu druckenden Strukturen in einem Winkel flacher als 45° zur Bauplatte stehen, muss mit Stützstrukturen stabilisiert und unterstützt werden.

4 Erzeugen Sie die Druckdaten. Geben Sie dabei die Schichtstärke an.

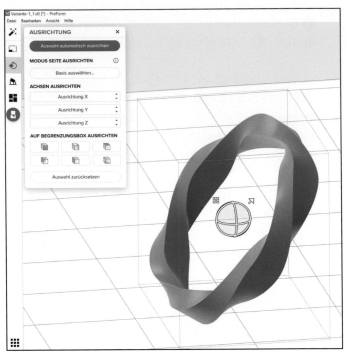

Ausrichtung und Platzierung in der 3D-Drucksoftware

3D-Drucker vorbereiten und starten

1 Schalten Sie den SLA-3D-Drucker ein.

2 Setzen Sie die Bauplatte ein.

3 Je nach Druckermodell: Öffnen Sie den Harztank bzw. füllen Sie das Harz ein. Wenn das Modell anschließend in Gold gegossen werden soll, muss ein für das Ausschmelzverfahren geeignetes Harz verwendet werden.

> ### ℹ️ HINWEIS
>
> Es sind inzwischen auch Harze auf dem Markt, die mit Wasser ausgewaschen werden können. Das benutzte Spülwasser darf wegen der gelösten Harzreste aber nicht im häuslichen Abfluss entsorgt werden.

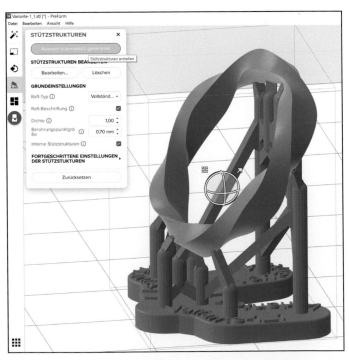

Erzeugung der Stützstrukturen in der 3D-Drucksoftware

4 Wählen Sie Ihre Druckdaten aus.

5 Starten Sie den Ausdruck.

3D-Druck nachbearbeiten

1 Lösen Sie mit einer Spachtel das Modell vorsichtig von der Bauplatte.

2 Waschen Sie Ihr Modell in Isopropylalkohol aus.

3 Entfernen Sie mit einem Seitenschneider oder einer Laubsäge vorsichtig die Stützen.

4 Arbeiten Sie Ihr Modell mit feinen Feilen nach.

5 Härten Sie Ihr Modell mit UV-Licht aus.

6 Zu Präsentationszwecken können Sie das Modell grundieren und anschließend in gewünschter Farbe lackieren. Das lackierte Modell kann dann nicht mehr im Ausschmelzverfahren gegossen werden, sondern dient nur zur Kundenpräsentation.

3D-gedruckte Modelle   **Lackierte Modelle**

Die fertigen Ringe in Gold *(Foto: Tom Thiele)*

Printed in the United States
by Baker & Taylor Publisher Services